Contents

Introduction

Novaya Iskra 2 is the second part of a complete GCSE Russian course. *Novaya Iskra* replaces the previous *Iskra* course and has been written to meet the needs of students taking the GCSE examination based on the new syllabuses introduced in September 1996.

- Each unit (*Urok*) covers one topic area
- Each task (*Zadanie*) practises one or more of the four skills:

Listening

Speaking

Reading

Writing

The listening tasks are based on the cassette recording which accompanies this book.

- Each unit ends with a summary list in English of the language structures covered by that unit, and the vocabulary items introduced as new words in the unit. You can use these pages for reference or revision.
- All the instructions for the tasks are in Russian, with support in English in some cases.

Place names, prices of items, and other background information are as up to date as possible at the time of printing (prices are based on an exchange rate of 9000 roubles to £1 sterling).

Семья и работа

Как твоя фамилия? Какой твой адрес?

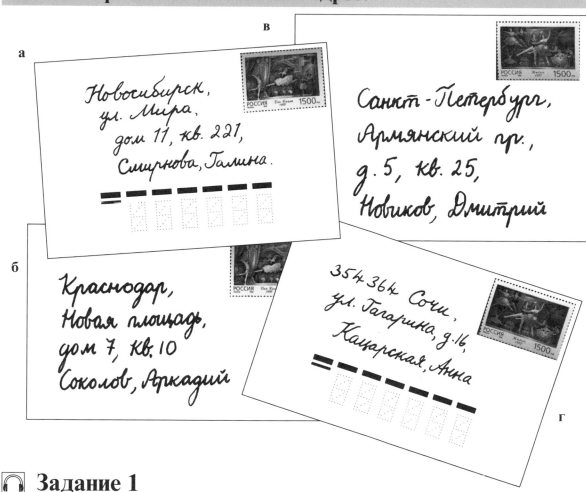

🎧 Задание 1

Прослушайте запись. Вы услышите четыре адреса. Кому должен быть отправлен конверт? Напишите номера и буквы.

You will hear four addresses. To whom should each envelope be delivered?

Что, по-вашему, значат такие сокращения?

What do you think these abbreviations mean?

1 кв.   **2** д.   **3** пл.   **4** ул.   **5** пр.

💬 Задание 2

Работа в парах. Задайте друг другу эти вопросы.

1 Как твоя фамилия?   Моя фамилия _____.

2 Какой твой адрес?   Мой адрес _____.

Задание 3

Перепишите этот бланк и вставьте правильные сведения, употребляя слова из прямоугольника справа.

Фамилия _____

Имя _____

Возраст _____

Дата рождения _____

Адрес:

Страна _____

Почтовый индекс _____

Город _____

Улица _____

Дом _____

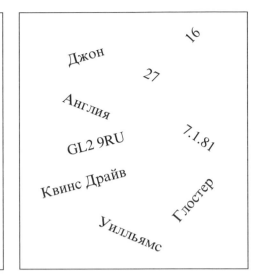

Джон

16

27

Англия

7.1.81

GL2 9RU

Квинс Драйв

Глостер

Уилльямс

Сколько у тебя братьев/сестёр?

How many brothers/sisters have you got?

У меня	два, 3, 4	брата
	две, 3, 4	сестры

I have	two, three, four	brothers
		sisters

Or none at all?

У меня	нет	брата
		сестры

Задание 4

Работа в парах. Что скажут эти люди? Сколько у них братьев/сестёр?

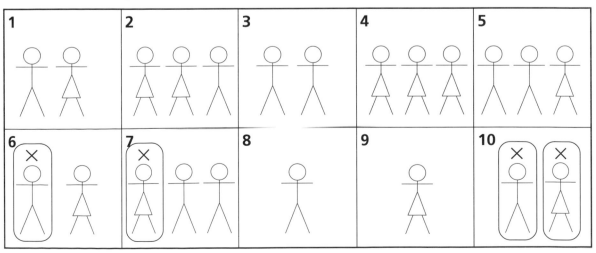

Моя семья

🎧 Задание 5

Прослушайте запись. Узнайте, как спросить, как кого зовут.

Наталья Антоновна
Кедрова (38)

Иван Викторович
Кедров (45)

Максим
Иванович
Кедров (16)

Андрей
Иванович
Кедров (14)

Ирина
Ивановна
Кедрова (13)

Моего	брата/отца	зовут …
Мою	сестру/маму	

🎧 Задание 6

Прослушайте запись и заполните таблицу по-русски.

	имя	возраст	братья	сестры	как их зовут
Например:	Виктор	18	2	1	Иван/Антон/Маша
× 6					

💬 Задание 7

Спросите у партнёра, как зовут членов его/её семьи.

Например: Как зовут твою маму/сестру? Как зовут твоего брата/отца?

🎧 Задание 8

Прослушайте запись. Максим Кедров вам расскажет о своей семье. Посмотрите на снимки.

Антон Павлович Смирнов (68)

Мария Ивановна Смирнова (69)

Галина
Петровна
Смирнова (42)

Борис
Антонович
Смирнов (44)

Наталья
Антоновна
Кедрова (38)

Иван
Викторович
Кедров (45)

Вера
Борисовна
Смирнова (8)

Пётр
Борисович
Смирнов (12)

Андрей
Иванович
Кедров (14)

Я

Ирина
Ивановна
Кедрова (13)

✏️ Задание 9

Что значат эти русские слова по-английски? Напишите пары.

What do these Russian words mean in English? Write down the pairs.

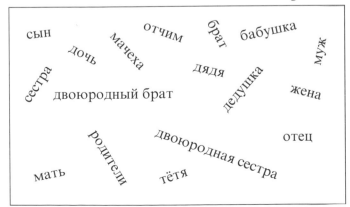

сын	отчим	брат	бабушка	муж
дочь	мачеха	дядя		
сестра	двоюродный брат	дедушка	жена	
			отец	
	родители	двоюродная сестра		
мать	тётя			

wife	husband
stepmother	sister
uncle	grandmother
mother	brother
grandfather	cousin (f)
cousin (m)	aunt
daughter	parents
stepfather	father
son	

Сколько ему/ей лет?

Задание 10

Посмотрите на рисунок. Узнайте возраст разных членов семьи вашего партнёра.

Например: А: У тебя есть бабушка?
            Б: Есть.
            А: Сколько ей лет?
            Б: Ей 73 года.

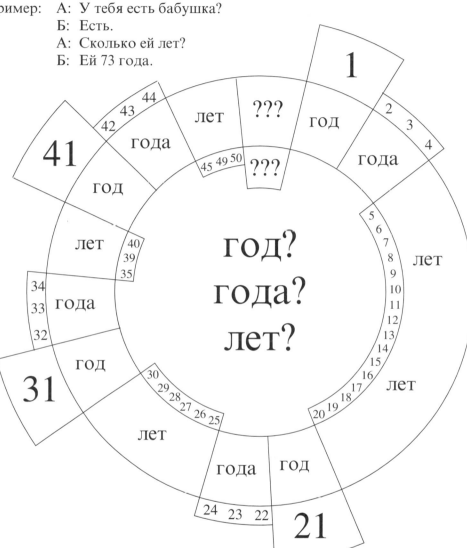

Задание 11

Перепишите этот отрывок и напишите полностью, сколько им лет.

Вот моя семья! Мне (11). Моему брату (4) и моей сестре (8). Моему отцу (42) и моей маме (41). У меня есть бабушка и дедушка. Им (69) и (73). У меня также есть тётя и дядя. Ей (38) и ему (44).

Как он или она выглядит?

16 лет   7 лет   45 лет   39 лет   89 лет   50 лет

📖 Задание 12

Какие из этих предложений правильно описывают картинки наверху? Напишите пары.

Which of these sentences correctly describe the pictures above?

1 Он невысокий и старый.

2 Она худая и немолодая.

3 Он высокий и молодой.

4 Она высокая и толстая.

5 Он невысокий и молодой.

6 Он немолодой и толстый.

7 Она невысокая и молодая.

8 Он толстый и старый.

9 Она высокая и молодая.

10 Он худой и немолодой.

✏️ Задание 13

Теперь нарисуйте рисунки четырёх описаний, которые никакой картинке не соответствуют.

Now do illustrations of the four descriptions which do not correspond to any of the pictures.

✏️ Задание 14

Какое у него/неё лицо?

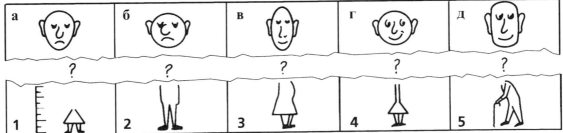

Прочитайте предложения и укажите, какому лицу принадлежит тело.

Read the sentences and indicate which face goes with which body.

1 Он старый и у него круглое лицо.

2 Она высокая и толстая, и у неё овальное лицо.

3 Он высокий и худой. У него квадратное лицо.

4 Она невысокая и молодая. У неё длинное лицо.

5 Она высокая и худая. У неё овальное лицо.

🎧 Задание 15

Прослушайте запись. Посмотрите на рисунки на странице 6. Укажите, какому лицу принадлежит тело.

Look at the pictures on page 6. Indicate which face the body goes with.

Например: 1 = 2в

🎧 Задание 16

Прослушайте запись. Вы услышите четыре описания. Какому лицу соответствует описание?

You will hear four descriptions. Which face does the description go with?

а   **б**   **в**

г   **д**   **е**

📖 Задание 17

Прочитайте отрывок этого письма. Что говорит девушка о своих родственниках, особенно о бабушке и дедушке?

Read the extract of a letter. What does the girl say about her relatives, especially her grandparents?

> Мы живём в Омске. У меня довольно большая семья. У меня есть бабушка, дедушка, мать, отец, брат и две сестры. Я очень люблю бабушку. Ей 70 лет, и она невысокая и толстая. У неё круглое лицо, короткие волосы и карие глаза. Дедушка очень высокий. Ему 69 лет. У него овальное лицо, кудрявые волосы и голубые глаза. Моя мать работает недалеко

Она в очках

Он с бородой

Он лысый

большой нос

большие уши

большой рот

маленький нос

маленькие уши

маленький рот

📖 Задание 18

Посмотрите на рисунок и прочитайте описание напротив него.

Look at the drawing and read through the description opposite it.

Это мой брат! Он невысокий и толстый. Я не люблю его. У него очень круглое лицо, короткие волосы и зелёные глаза. У него очень большие уши, большой нос и большой рот. Он в очках и с бородой.

Задание 19

Опишите четыре рисунка с помощью описания в задании 18.

Describe the four drawings, using the description in Activity 18 to help you.

1   **2**   **3**   **4**

 Задание 20

Прослушайте запись. Полиция разыскивает двух преступников. Какое из шести лиц соответствует записанным описаниям.

The police are looking for two criminals. Which of the six faces correspond to the recorded descriptions?

1а   **1б**   **1в**

2а   **2б**   **2в**

 Задание 21

Нарисуйте плакат под названием: «Этот человек разыскивается полицией». Потом внизу напишите описание по-русски.

Draw a 'Wanted' poster. Write out a description below it in Russian.

 Задание 22

Перепишите акростих в тетрадь. Найдите пропущенные в предложениях слова и заполните акростих. Все слова связаны с описаниями.

Copy the acrostic into your exercise book. Work out the words that are missing in the sentences and fill in the acrostic. All the words are connected with descriptions.

1 У него длинные _ _ _ _ _ _.

2 У неё _ _ _ _ _ глаза.

3 У меня _ _ _ _ _ _ _ лицо.

4 У неё длинное _ _ _ _.

5 У неё _ _ _ _ _ _ _ _ волосы.

6 Он _ _ _ _ _ _ _ _ _.

7 У него _ _ _ _ _ _ _ уши.

8 Она очень _ _ _ _ _ _ _.

Кем он/она работает?

 Задание 23

 Какую профессию правильно описывают предложения?

Which profession do the sentences correctly describe?

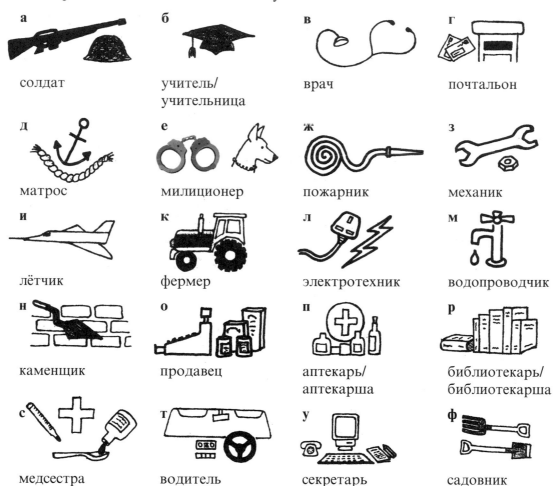

а солдат

б учитель/ учительница

в врач

г почтальон

д матрос

е милиционер

ж пожарник

з механик

и лётчик

к фермер

л электротехник

м водопроводчик

н каменщик

о продавец

п аптекарь/ аптекарша

р библиотекарь/ библиотекарша

с медсестра

т водитель

у секретарь

ф садовник

Перепишите предложения в тетрадь и вставьте пропущенные слова.

Copy the sentences into your exercise book and put in the missing words.

1 Каждое утро мой отец разносит письма. Он _____.

2 Моя мать работает в школе. Она _____.

3 Моя сестра работает в библиотеке. Она _____.

4 Мой брат _____. Когда нет воды, его вызывают.

5 Мой дедушка любит работать в саду. Он _____.

6 Мой брат служит в армии. Он _____.

7 Моя двоюродная сестра работает в больнице. Она _____.

8 У моего отчима есть новый трактор. Он _____.

9 Моя тётя хорошо печатает на компьютере. Она _____.

10 Мой дядя работает на авиакомпанию. Он _____.

🎧 Задание 24

Прослушайте запись. Поставьте картинки в правильном порядке.

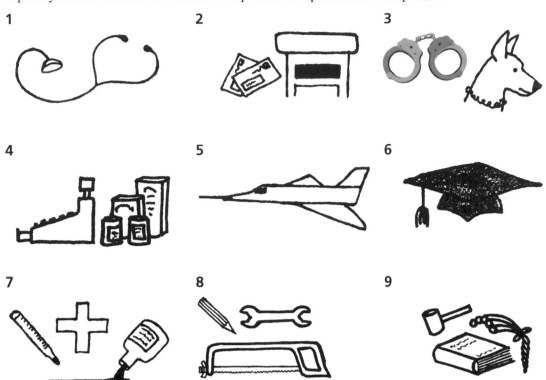

🎧 Задание 25

Посмотрите на слова и прослушайте запись. Напишите слово или фразу, которые закончат предложение.

Write down the word or phrase which will complete the sentence.

б стюардесса   **г** на заводе   **ж** врач   **з** в поликлинике
а на вокзале   **в** лётчик   **д** учительница   **е** продавец

✍️ Задание 26

Кто где работает? Напишите предложения полностью.

Например: Учитель работает в школе.

1 Матрос

2 Врач

3 Инженер

4 Адвокат

5 Медсестра

6 Продавец

в магазине
на заводе
в поликлинике
в бюро
на корабле
в больнице

💬 Задание 27

Какое слово здесь неуместно?

Which is the odd one out?

1 стюардесса, медсестра, милиционер, учительница

2 матрос, лётчик, солдат, электротехник

3 медсестра, почтальон, зубной врач, врач

📖 Задание 28

Посмотрите на список профессий. Переставьте список, и напишите сначала самую, по-вашему, интересную профессию, и так далее.

Look at this list of occupations. Rearrange the list and write down first the one that is in your opinion the most interesting, and so on.

1 инженер

2 солдат

3 фермер

4 секретарь

5 продавец/продавщица

6 зубной врач

7 машинист

8 лётчик

9 учитель/учительница

10 водопроводчик

📖 Задание 29

Найдите в квадрате 10 профессий.

Can you find 10 jobs in this grid?

х	ф	р	е	н	е	ж	н	и
м	е	д	с	е	с	т	р	а
у	п	р	о	д	а	в	е	ц
а	ч	а	р	в	д	л	к	з
м	к	и	ч	т	ё	л	г	ы
ь	р	а	т	е	р	к	е	с
р	е	м	р	е	ф	б	е	щ
ё	в	т	а	д	л	о	с	ж
п	о	ч	т	а	л	ь	о	н

Задание 30

Вот отрывки восьми писем. Запишите **три** детали из каждого письма об описанном человеке.

Here are extracts from eight letters. Jot down three details from each letter about the person who is being described.

1

Ему 18 лет, и он работает в магазине. Он очень любит спорт.

5

Как ты уже знаешь, она работает на вокзале. Она очень любит свою работу. Она электротехник.

2

Она живёт недалеко отсюда и работает в школе в центре города. Она учительница.

6

У меня есть брат. Ему 30 лет и он работает в больнице. Он врач.

3

Моя сестра, Наташа, работает в поликлинике, но ей не нравится работать там. Она медсестра.

7

Мой дядя - инженер. Он работает на фабрике в Москве.

4

Моя тётя Параша живёт в Киеве. Она работает недалеко от вокзала. Она секретарь.

8

Моя двоюродная сестра очень любит читать. Она работает в библиотеке в Санкт-Петербурге.

Задание 31

Представьте себе, что люди в задании 23 – это вы. Объясните, кем и где вы работаете.

Imagine that you are the people in Activity 23. Explain what you do and where you work.

Задание 32

Прочитайте отрывок этого письма. Запишите по-английски **семь** подробностей.

Jot down seven details in English.

> У меня есть дядя. Его зовут Виктор и ему сорок два года. Он лётчик и работает в аэропорту в маленьком городе. Он начинает работу в 8.00 часов и заканчивает в 4.00 часа.

Задание 33

Прослушайте запись и заполните таблицу по-русски.

член семьи	имя	возраст	профессия	где работает	начинает работу	заканчивает работу
Например отец	Иван	42	инженер	фабрика	8.00	5.00

×6

Задание 34

Посмотрите на рисунки. Расскажите партнёру как можно подробнее о «ваших родственниках». Потом напишите о них.

Tell your partner in as much detail as possible about 'your relatives'. Then write about them.

1	отец – Николай	43				
2	мать – Мария	42				
3	сестра – Наташа	19		HOSPITAL		
4	брат – Сергей	18				
5	бабушка – Людмила	71				

69 Задание 35

Кем ты хочешь стать? What do you want to be?

1 Я хочу стать | инженер**ом** | потому что … это | интересная работа
| медсестр**ой** | | хорошая

2 Я не хочу стать | врач**ом** | потому что … это | скучная работа
| продавщиц**ей** | | плохая
| | | трудная

Работайте с партнёром. Составьте диалоги, употребляя подходящие выражения и правильные окончания.

Make up dialogues using appropriate expressions and the correct word endings.

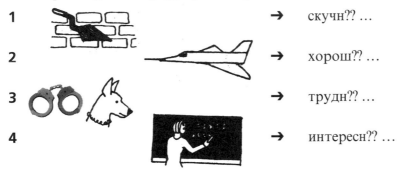

1 → скучн?? …

2 → хорош?? …

3 → трудн?? …

4 → интересн?? …

📖 Задание 36

Прочитайте рекламу и ответьте на вопросы.

Read the advertisements and answer the questions.

1 Где она хочет работать?

> 505159 Ищу работу: дежурная на предприятии, в гостинице, школе, приём и оформление документов, кассир в офисе, уборщица, кастелянша. Гарантирую обязательность, скорость. Тел. 164–7739

2 Какую работу он ищет?

> 515753 Продавец, учитель, водитель ищет высокооплачиваемую работу. Тел. 114–7564

3 Какой иностранный язык она знает?

> 659982 Молодая девушка, владеющая английским языком, машинописью и компьютером ищет работу секретаря–переводчика, гида–переводчика и т.д. Тел. 291–7197 Дина.

4 Кем она хочет работать?

> 635461 Учителем русского и литературы или библиотекарем. Тел. 520–1036 Наташа.

5 Кем он работает?

> 538143 Инженер–экономист с большим опытом в производстве ищет интересную работу в инофирмах. Тел. 126–1297.

6 Ему надо работать где, и почему?

> 659667 Мужчина 38 лет. Ищу работу на дому. Специальности нет. Парализована мать. Тел. 554–2135.

Чему вы научились?   What have you learned?

In this unit you have learned how to:

1 Ask someone's surname

Как	твоя его её	фамилия?

State someone's surname

моя его её	фамилия	Иванов Смит Джоунс

2 Ask someone's address

Какой	твой его её	адрес?

State someone's address

мой его её	адрес	улица … дом …

3 Say how many brothers and sisters you have

У меня	2, 3, 4	брата
	нет	
	две, 3,4	сестры
	нет	

I have	2, 3, 4	brothers
I don't have		a brother
I have	2, 3, 4	sisters
I don't have		a sister

4 Say what a relative's name is

Моего Мою	брата/отца сестру/маму	зовут

My	brother/father sister/mother	is called

5 Correctly state someone's age

Мне Ему Ей	… один … два/… три/… четыре пять и дальше	год года лет

I am He is She is	1, 21, 31, 41, 81 2, 22, 32, 43, 84 five onwards	years old

6 Describe someone's general appearance/stature

Он	Она
высокий	высокая
толстый	толстая
молодой	молодая

He is	She is
tall	tall
fat	fat
young	young

7 Describe someone's features

У	меня него неё	круглое овальное	лицо
		длинные короткие	волосы
		голубые тёмные карие	глаза
		маленькие большие	уши
		маленький большой	нос рот

I have He has She has		a round an oval	face
		long short	hair
		blue dark brown	eyes
		small large	ears
		a small a large	nose mouth

8 Express other descriptive phrases

я/он/она я/он	в очках с бородой

I/he/she I/he	wear(s) glasses have/has a beard

9 Say what people's jobs are

Я	–	студент
Он	–	пожарник
Она	–	врач
Мой отец	–	водитель
Моя сестра	–	аптекарь

I	am	a student
He	is	a fireman
She	is	a doctor
My father	is	a driver
My sister	is	a pharmacist

10 Say where people work

Я	работаю	в	магазине
Он	работает		школе
Она	работает		банке
Они	работают	на	фабрике

I	work		a shop
He	works		a school
She	works	in	a bank
They	work		a factory

11 Say when someone starts and finishes work

Он	начинает	работу	в	8.00 ч.
Она	заканчивает			6.00 ч.

He	starts	work	at	8.00
She	finishes			6.00

12 Ask and say what you want to be

Кем ты хочешь работать?

What do you want to be?

Я хочу стать	матросом медсестрой учителем

I want to be a	sailor nurse teacher

Запомните слова!   Memorise the words!

áдрес	address
вóзраст	age
гóрод	city
дáта рождéния	date of birth
úмя	first name
квартúра	flat
óтчество	patronymic
плóщадь	square
почтóвый úндекс	postcode
проспéкт	avenue
странá	country
ýлица	street
фамúлия	surname

Семья	**Family**
бáбушка	grandmother
двоюродная сестрá	cousin (f.)

двоюродный брат	cousin (m.)
дéдушка	grandfather
дядя	uncle
женá	wife
мáчеха	stepmother
муж	husband
óтчим	stepfather
родúтели	parents
рóдственники	relatives
тётя	aunt

Характéрные черты	**Characteristics**
большóй	large, big
борóда	beard
вы́глядеть	to look like
высóкий	tall
голубóй	light blue

дли́нный	long
зелёный	green
ка́рий	brown, hazel
квадра́тный	square (shape)
коро́ткий	short (hair)
кру́глый	round
кудря́вый	curly
лицо́	face
лы́сый	bald
ма́ленький	small
молодо́й	young
невысо́кий	short
немолодо́й	middle aged
нос	nose
ова́льный	oval
очки́	glasses
прямо́й	straight
рот	mouth
се́рый	grey
ста́рый	old
те́ло	body
тёмный	dark
то́лстый	fat
худо́й	thin
у́ши	ears

Профе́ссии

адвока́т	lawyer
апте́карша	pharmacist (f.)
апте́карь	pharmacist (m.)
библиоте́карша	librarian (f.)
библиоте́карь	librarian (m.)
води́тель	driver
водопрово́дчик	plumber
врач	doctor
зубно́й врач	dentist
инжене́р	engineer
ка́меньщик	bricklayer
лётчик	pilot
матро́с	sailor
машини́ст	train driver
медсестра́	nurse
меха́ник	mechanic
милиционе́р	policeman (Russian)
перево́дчик	translator, interpreter
пожа́рник	fireman
полице́йский	policeman (British)
почтальо́н	postman
прода́вец	salesman, shop assistant
прода́вщица	saleswoman, shop assistant
садо́вник	gardener
секрета́рь	secretary
солда́т	soldier
спортсме́н	sportsman
стюарде́сса	stewardess
убо́рщица	cleaner (f.)

учи́тель	teacher (m.)
учи́тельница	teacher (f.)
фе́рмер	farmer
электроте́хник	electrician

Места́ рабо́ты — **Places of work**

авиакомпа́ния	airline
аэропо́рт	airport
банк	bank
библиоте́ка	library
больни́ца	hospital
бюро́	office
вокза́л	station
заво́д	factory, works
магази́н	shop
офис	office
поликли́ника	health centre
фа́брика	factory
шко́ла	school

Други́е слова́ и фра́зы — **Other words and phrases**

а́рмия	army
высоко-опла́чиваемый	highly paid
год	year
го́да (gen.)	
лет (gen.pl.)	years
в дере́вне	in the country
дово́льно	quite
иностра́нный	foreign
интере́сный	interesting
иска́ть	to look for, seek
я ищу́	I seek
он и́щет	he seeks
кора́бль	ship
краси́вый	beautiful
мужчи́на	man
никогда́ не	never
он разно́сит	he delivers
он слу́жит	he serves
о́пыт	experience
о́чень	very
печа́тать	to type
плохо́й	bad, poor
поли́ция	police
почти́	almost
предприя́тие	enterprise, business
престу́пник	criminal
произво́дство	production
ску́чный	boring
ссо́риться	to quarrel
столи́ца	capital
тра́ктор	tractor
тру́дный	difficult, hard
хоро́ший	good
чита́ть	to read

Какой у тебя город?

Где ты живёшь?

🎧 Задание 1

Прослушайте запись. Четыре человека скажут, где они живут.

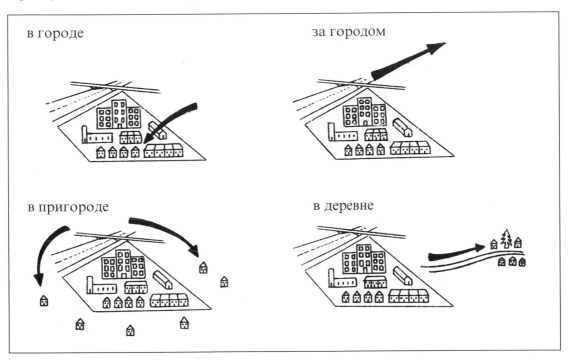

🎧 Задание 2

Где живут эти люди? Прослушайте запись. Перепишите таблицу и заполните её. Поставьте галочку. Что ещё вы понимаете?

					другие сведения
1					
×10					

💬 Задание 3

Работа в парах. Задайте друг другу вопросы и опишите, где живут эти люди. Потом напишите предложения.

1 Моя сестра

2 Иван и Таня

3 Студент

4 Брат и сестра

5 Моя бабушка

6 Мой брат

7 Мы

8 Моя семья

9 Мой дядя

Какой у тебя город?

 ### Задание 4

Прочитайте тексты. Что это за город?

> **Москва**
>
> Москва очень большой город. Там живёт 8 миллионов человек. Город был основан в 1147 и поэтому это также очень древний город. Каждый год много туристов приезжает в Москву – значит, Москва также туристический город.
>
> **Пицунда**
>
> Пицунда находится на юге России, недалеко от Сочи на берегу Чёрного моря. Здесь погода всегда хорошая. Сюда приезжает очень много туристов. Это маленький туристический город. Здесь нет никаких заводов, поэтому это не промышленный город.
>
> **Новосибирск**
>
> Новосибирск очень большой промышленный город. В нём много заводов и фабрик. Он был основан в 1903, поэтому Новосибирск современный город. Новосибирск находится в Сибири.

Что значат эти слова? Напишите русские слова и значения по-английски в правильном порядке.

большой	industrial
современный	ancient
туристический	**?** large
древний	tourist
промышленный	small
маленький	modern

Задание 5

Работа в парах. Составьте диалоги.

1 Ты живёшь в городе или в деревне?
2 Как называется твой город или твоя деревня?
3 Где он/она находится?
4 Какой у тебя город или какая у тебя деревня?
5 Что у тебя есть в городе или в деревне?

Задание 6

Опишите, где вы живёте. Какой это город?

 ### Задание 7

Прослушайте запись. Это какой город? Есть четыре описания. Что ещё вы понимаете? Запишите два факта о городах.

а	Киев	д	Новгород
б	Петрозаводск	е	Сочи
в	Суздаль	ж	Санкт-Петербург
г	Таганрог	з	Владивосток

Задание 8

Это Россия! Ответьте на вопросы.

Вот мост через реку Неву в Санкт-Петербурге.

Вот памятник Пушкину в городе Пушкине.

Это Покровский собор в центре Москвы.

Это очень старая церковь в деревне.

Это дворец, где жили цари. Это Петродворец.

Вот центральный военно-морской музей в Санкт-Петербурге.

1 Где мост?
2 Кто на скамейке?
3 Где старая церковь?
4 Где находится музей?
5 Где Покровский собор в Москве?
6 Кто жил во дворце?

Задание 9

Прочитайте текст.

Наш город

Мы живём в Красногорске. Наш город довольно большой. В нём есть собор и шесть церквей. В центре города – старый мост через реку Волгу. В пригороде есть интересный исторический музей.

В деревне стоит дворец, где жили цари. В парке дворца есть памятник Толстому. Правда, у нас в Красногорске интересные достопримечательности?

Перепишите предложения в тетрадь и вставьте пропущенные слова.

Copy the sentences into your excrcise book and put in the missing words.

1 Город называется _____.
2 Город не маленький, а _____.
3 Есть _____ церквей и _____ в городе.
4 В центре города стоит _____.
5 Мост через _____.
6 Музей находится ___ _____.
7 В парке есть _____.
8 Дворец в _____.
9 Памятник в _____.
10 Что значат по-английски:
　(а) достопримечательности?
　(б) основан?
　(в) также?

Задание 10

Вот слова.

		гостиница		музей	
бассейн		дворец		школа	
театр		библиотека		кинотеатр	
завод		парк		больница	
памятник		вокзал		зоопарк	
церковь		собор		кафе	

Прослушайте запись.
(а) Запишите, какие места есть в городе.
(б) Что ещё вы понимаете?
Заполните таблицу. Например:

Место	Дополнительные сведения
Памятник	Достоевскому

🎧 Задание 11

Прослушайте запись. Они говорят о каком городе?

Спортивный комплекс – что это?

💬 Задание 12

Работа в парах. Выберите город. Задайте друг другу вопросы, и узнайте, какой город ваш партнёр выбрал. Отвечайте только «да» или «нет».

🎧 Задание 13

Прослушайте запись. Что есть в этом городе? Если вы услышите упомянутое место, запишите номер картинки в тетрадь.

If you hear a place mentioned, write down the number of the picture in your exercise book.

Задание 14

Укажите пары. Например: 1 = б

1 Можно посмотреть спектакль?
2 Можно поплавать?
3 Можно покататься на коньках?
4 Можно посмотреть фильм?
5 Можно сыграть в волейбол?
6 Можно купить подарки?

а Конечно, у нас большой бассейн.
б Театр находится около церкви.
в У нас хороший спортивный комплекс.
г В центре города два кинотеатра.
д Каток напротив спортивного комплекса.
е У нас огромный универсальный магазин.

 ## Задание 15

Что можно делать, где вы живёте? Напишите предложения.
Например: Можно посмотреть фильм – у нас есть кинотеатр.

 ## Задание 16

Прослушайте запись. Это странный город. Почему? Посмотрите на таблицу. Как изменяются эти слова? Запишите изменения в тетрадь.

How do these words change? Note down the changes in your exercise book.

Например: клуб → нет клуб**а**   опер**а** → нет опер**ы**

вокзал парк театр магазин	школа почта	озеро кафе

Задание 17

Что есть и чего нет в этом городе? Запишите фразы.
Например: **а** Есть музей.

а	✔	б	✘	в	✘
г	✘	д	✘	е	✔
ж	✘	з	✔	и	✘

Задание 18

Линда написала это письмо. Она не знает все слова. Перепишите письмо и вставьте нужные слова.

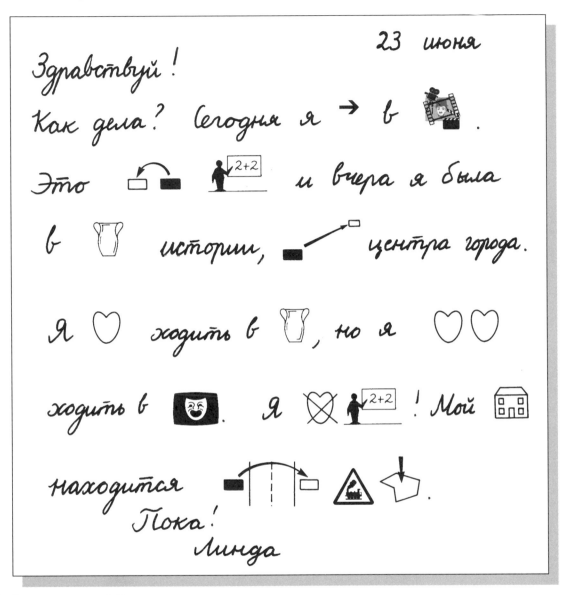

 Задание 19

Прослушайте, как Ольга говорит о своём городе. Город интересный? Почему?
Выберите, что вам интересно/неинтересно и заполните таблицу.

Интересно	Неинтересно

🎧 **Задание 20**

Вот город, где живёт Ольга. Прослушайте экскурсовода. Куда мы идём?

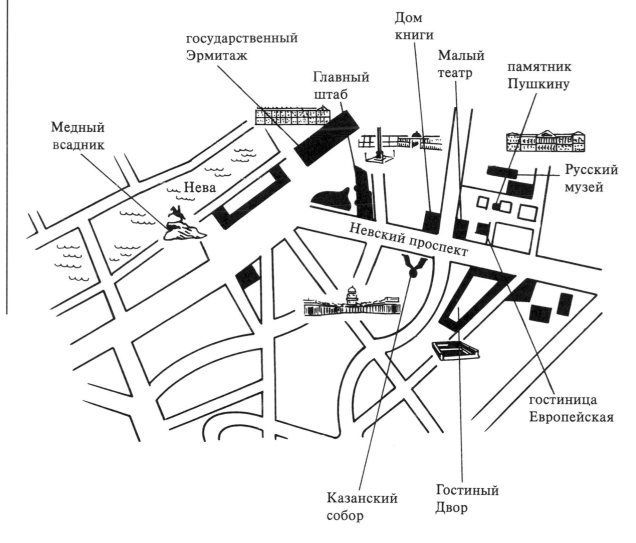

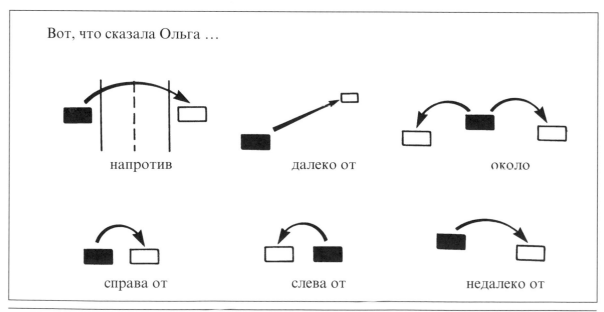

Задание 21

Прослушайте запись ещё раз и посмотрите на план (задание 20). Опишите, как можно подробнее, где находятся эти места.

Describe in as much detail as possible where these places are.

Гостиный Двор

гостиница Европейская

Малый театр

памятник Пушкину

Русский музей

Казанский собор

Дом книги

Главный штаб

Медный всадник

Главный штаб

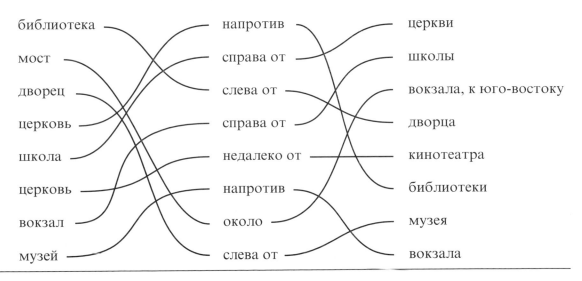

Задание 22

Посмотрите на слова. Какие есть изменения? Запишите предложения, потом соберите все сведения и нарисуйте город.

Write down the sentences, then gather together all the information and draw the town.

библиотека	напротив	церкви
мост	справа от	школы
дворец	слева от	вокзала, к юго-востоку
церковь	справа от	дворца
школа	недалеко от	кинотеатра
церковь	напротив	библиотеки
вокзал	около	музея
музей	слева от	вокзала

Задание 23

Где кинотеатр у вас в городе? Где парк, вокзал, церковь и так далее? Расскажите друзьям.

Задание 24

Прослушайте запись. Где главные места? Запишите их в тетрадь.

Задание 25

Прочитайте предложения. Где вы?
Например: 1 = д

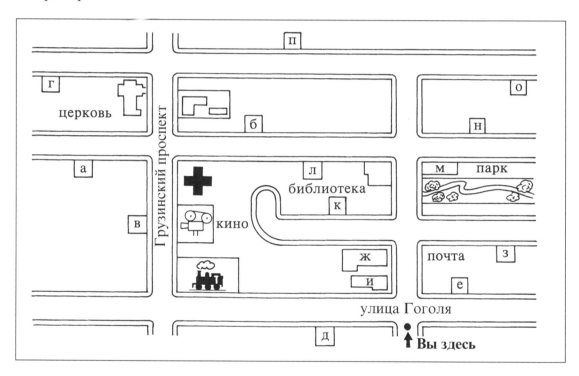

1 Идите налево по улице Гоголя. Налево увидите дом Юры.
2 Идите прямо до почты, потом налево. Серёжа живёт на правой стороне этой улицы.
3 Идите прямо до библиотеки. Бассейн находится напротив библиотеки.
4 Идите прямо до конца этой улицы. Потом идите налево. Дом Ирины около церкви, на левой стороне улицы.
5 Идите прямо до библиотеки. Потом идите налево. Иван живёт недалеко от библиотеки, налево.
6 Идите налево по улице Гоголя. Идите направо по Грузинскому проспекту мимо вокзала. Идите до кинотеатра. Я живу напротив кинотеатра.

Задание 26

Работа в парах. Посмотрите на карту в задании 25. Придумайте, как идти в места и составьте диалоги.

Задание 27

Прочитайте открытку. Потом напишите открытку и объясните, как пройти к вашему дому от вокзала.

Read the postcard. Then write a postcard to explain how to get to your house from the station.

Дорогая Эмма!   6-ое мая

Ты приедешь поездом, да? Тебе нужно идти до моего дома пешком. От вокзала иди прямо до школы, потом направо до кинотеатра. Там иди налево. Это Садовая улица. Иди сто метров до больницы. Мой дом находится напротив больницы. Я живу на четвёртом этаже.
До скорого! Варя.

620100
Екатеринбург,
ул. Чехова,
д. 76, кв. 45
Беловой Э. А.

Задание 28

Перепишите этот абзац в тетрадь и закончите предложения, употребляя подходящие слова из прямоугольника.

Copy this paragraph into your exercise book and complete the sentences, using appropriate words from the box.

Иди _____, потом _____. Вот _____ направо. Напротив школы увидишь универмаг. Справа _____ _____, увидишь улицу. Это _____ _____. Иди прямо. Я _____ в доме _____, на _____ этаже.

```
моя                        живу
        налево
пятнадцать
            от      прямо

школа              улица   универмага
      вторым
```

Чему вы научились?   What have you learned?

In this unit you have learned how to:

1 Ask what a person's town is called and say what yours is called

Как называется твой город?   Мой город называется Лидс.

2 Ask whether the town has certain amenities

В городе есть бассейн?   Is there a swimming pool in the town?

3 Ask where a place is located

Где находится вокзал?   Where is (situated) the station?

4 Give positions of places in relation to other buildings/places

Он Она Оно	находится	около слева от справа от далеко от недалеко от напротив	банка школы озера

It	is (situated)	near to the left of to the right of a long way from not far from opposite	the bank the school the lake

5 Give instructions for getting there

Идите	прямо налево направо	
	до	банка

Go	straight on to the left to the right	
	as far as	the bank

6 Say what amenities a town does not have

У нас нет	стадиона театра музея школы церкви озера

We don't have	a stadium a theatre a museum a school a church a lake

7 Say what it is possible to do in the town

Можно	купить сувениры сыграть в волейбол кататься на коньках посмотреть фильм

It's possible to/ one can	buy souvenirs play volleyball go skating watch a film

Запомните слова!   Memorise the words!

абсолю́тно	absolutely	огро́мный	huge
автостоя́нка	car park	о́зеро	lake
бале́т	ballet	о́пера	opera
бассе́йн	swimming pool	остано́вка	(bus) stop
библиоте́ка	library	па́мятник	memorial
большо́й	large	парк	park
верну́ться	to return	пешко́м	on foot
вещь	thing	пиши́ мне	write to me
ви́дно	visible	пла́вать	to swim
военно-морско́й	naval	пло́щадь	square
волейбо́л	volleyball	пода́рок	present
всегда́	always	порт	port
го́род	town, city	пра́вый	right
гуля́ть	to go for a walk	при́город	suburb
далеко́ от	far from	промы́шленный	industrial
дворе́ц	palace	река́	river
дере́вня	village	све́дения	information
дово́льно	quite, fairly	скаме́йка	bench
дре́вний	ancient	сле́ва от	on the left of
достопримеча́тельности	the sights	собо́р	cathedral
за́ городом	out of town	совреме́нный	modern
занима́ться	to 'do'	спекта́кль	a show, a play
зда́ние	building	спорти́вный	
здесь	here	ко́мплекс	sports centre
зоопа́рк	zoo	спра́ва от	on the right of
истори́ческий	historical	сторона́	side
кана́л	canal	то́лько	only
карти́на	picture	туале́т	toilet
ката́ться	to go	тури́стический	tourist
на конька́х	skating	универма́г	department store
на лы́жах	skiing	ходи́ть	to go
като́к	rink	царь	tsar
кинотеа́тр	cinema	це́рковь	church
конто́ра	office	цирк	circus
краси́вый	beautiful	челове́к	person
кремль	Kremlin	че́рез	across
купи́ть	to buy	что уго́дно	as/what you like
куро́рт	resort	эта́ж	storey, floor
ле́вый	left		
ма́ленький	small		
ми́мо	past		
мо́жно	it's possible		
монасты́рь	monastery		
мост	bridge		
музе́й	museum		
называ́ется	is called		
напро́тив	opposite		
нахо́дится	is situated		
недалеко́ от	not far from		
ну́жно	it's necessary		

Мой дом

Какой у тебя дом?

Задание 1

Прослушайте запись и прочитайте отрывки.

1

Здравствуйте! Меня зовут Борис. Я живу в домике недалеко от центра города. Мне очень нравится наш дом. Он маленький, но уютный, и у нас красивый сад за и перед домом.

2

Привет! Меня зовут Лена. Я живу в очень большом доме в центре города. У нас шесть спален и бассейн в саду. Я не очень люблю жить в этом доме, потому что в городе очень шумно. Я хотела бы жить в деревне.

3

Здравствуйте! Меня зовут Катя. Я живу в квартире на десятом этаже. Мы живём в тихом районе далеко от центра города. Наша квартира маленькая, но уютная.

✎ Задание 2

Как по-английски? Посмотрите в словаре.

What are these words in English?
Look in the dictionary.

уютный
большой
маленький
тихий
шумный
старый
новый

📖 Задание 3

Прочитайте отрывки в задании 1 и предложения внизу. Напишите п (правда) или н (неправда).

1 Борис живёт в квартире.

2 Борис живёт недалеко от центра города.

3 Он любит жить там.

4 Лена живёт в небольшом доме в центре города.

5 У них в доме шесть спален.

6 Она любит жить в центре города.

7 Катя живёт на девятом этаже.

8 Она живёт в шумном районе.

Задание 4

Катя живёт в Москве. Вот план и описание её квартиры. Найдите ошибки в описании и перепишите его.

Find the mistakes in the description and rewrite it.

лестница в саду

ванная   спальня

туалет

в
е
с
т
и
б
ю
л
ь

кухня

столовая   гостиная

балкон

лифт

Вот моя квартира. У нас в квартире восемь комнат: гостиная, ванная, три спальни, кухня, туалет и столовая. У нас нет балкона, но у нас есть большой сад за домом.

 Задание 5

У кого этот дом? (Смотрите на задание 1.)

Я живу в большом новом двухэтажном доме в центре города. Мы живём здесь пять лет. У нас в доме одиннадцать комнат: внизу – гостиная, столовая, кухня и туалет, а наверху – шесть спален и ванная.

 Задание 6

Нарисуйте план вашего идеального дома и опишите его.

❛❛ Задание 7

Вот пять вопросов. Составьте с партнёром диалог.

1 Ты живёшь в доме или в квартире?

2 Сколько времени ты там живёшь?

3 Опиши твой дом/твою квартиру.

4 Тебе нравится жить там? Почему? Почему нет?

5 Где ты хотел(а) бы жить? Почему?

Мебель

Задание 8

Какая мебель в каждой комнате? Используя словарь, напишите списки.

What furniture is in each room? Using a dictionary, write down lists.

Например:

кухня	столовая	гостиная	спальня	ванная
плита	стол	кресло	кровать	душ

Задание 9

в → кухне
спальне
столовой
гостиной
ванной

Вставьте нужные слова. Напишите их в тетради.

1 Холодильник в _____.

2 Ванна в _____ .

3 Телевизор в _____.

4 Часы в _____.

5 Зеркало в _____.

6 Занавески в _____.

7 Стиральная машина в _____.

8 Буфет в _____.

9 Видеомагнитофон в _____.

10 Гардероб в _____.

Задание 10

Какое слово здесь неуместно? Посмотрите в словаре.

1 (а) лифт   (б) спальня   (в) лестница

2 (а) ванная   (б) туалет   (в) ковёр

3 (а) занавески   (б) видеомагнитофон   (в) телевизор

4 (а) зеркало   (б) коридор   (в) часы

Задание 11

Нарисуйте эту спальню.

> У меня большое окно и длинные занавески. Около окна книжный шкаф. В углу телевизор и справа от телевизора стол и два стула. Кровать стоит около двери и слева от неё тумбочка. На тумбочке часы и иногда даже цветы, и на стене зеркало и лампа. Шкаф для одежды недалеко от кровати. Ковёр не на полу, а на стене.

Задание 12

Прослушайте запись и ответьте на вопросы по-английски.

1 Where does Seriozha live?
2 What floor does he live on? Can he use both stairs and lift?
3 Where does he do his homework?
4 How does he describe the bathroom?
5 Where do they sometimes sit in fine weather?

Задание 13

Составьте с партнёром диалог.

Например:
– Какая мебель у тебя стоит в спальне?
                    в гостиной?
                    в столовой?
                    в кухне?
                    в ванной?

– У меня в спальне кровать, книжный шкаф, лампа и магнитофон.

Задание 14

Напишите список вещей в этих комнатах.

а

The water in the samovar used to be heated by charcoal or pinecones in the central chimney. In a modern samovar an electric element heats the water. Russians like to drink tea with lemon and sugar or with jam, which is served on small individual saucers.

б

Повседневная жизнь

🎧 Задание 15

📖 Прослушайте запись, посмотрите на рисунки и прочитайте текст.

Что ты делаешь … утром?

1 Я просыпаюсь.
2 Я встаю.
3 Я умываюсь.
4 Я чищу зубы.
5 Я одеваюсь.
6 Я завтракаю.

7 Я отправляюсь в школу.
8 Я обедаю.
9 Я возвращаюсь домой.
10 Я ужинаю.
11 Я раздеваюсь.
12 Я ложусь спать.

1  **2**  **3**  **4**

5 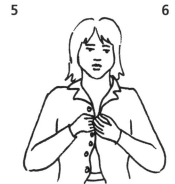 **6**  **7**  **8**

А вечером?

9  **10**  **11**  **12**

🎧 Задание 16

Прослушайте запись. Что они делают? Поставьте картинки в правильном порядке.

Например: a = 8

Который час?

 ## Задание 17

Прослушайте запись.

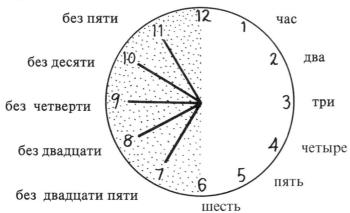

без пяти
без десяти
без четверти
без двадцати
без двадцати пяти
шесть

час
два
три
четыре
пять

Прослушайте запись ещё раз и выберите правильные часы.

а **б** **в** **г**  **д**

е **ж** **з** **и** **к**

Задание 18

Прочитайте эти фразы и выберите правильные часы (смотрите на задание 17).

1 без четверти одиннадцать   **6** без четверти семь

2 без пяти два   **7** без двадцати шесть

3 без пяти восемь   **8** без двадцати пяти десять

4 без десяти четыре   **9** без двадцати три

5 без четверти пять   **10** без двадцати пяти девять

Задание 19

Прослушайте запись и посмотрите на часы. Выберите правильные часы.

Например: 1= к

полпервого

1 полвторого
2 полтретьего
3 полчетвёртого
4 полпятого
5 полшестого
6 полседьмого
7 полвосьмого
8 полдевятого
9 полдесятого
10 полодиннадцатого
11 полдвенадцатого

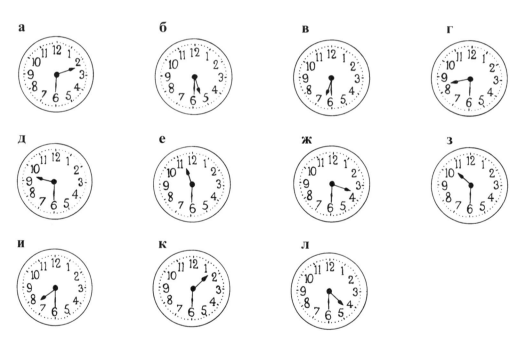

А сейчас? Который час?

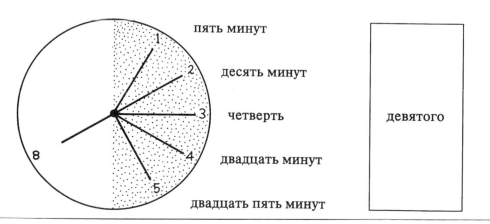

Задание 20

Прочитайте предложения и посмотрите на часы. Выберите правильные часы.

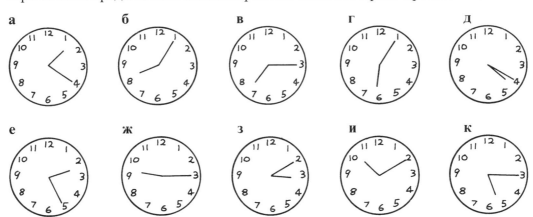

1 Поезд отходит в десять минут четвёртого.
2 В четверть шестого мама слушает новости по радио.
3 Будильник звонит в пять минут седьмого.
4 Бабушка ложится спать в четверть десятого.
5 Я выпью кофе в десять минут одиннадцатого.
6 Сегодня утром почтальон доставил пакет в пять минут девятого.
7 Пьеса начинается в четверть восьмого.
8 Самолёт приземлился в двадцать минут второго.
9 Папа мне позвонил в двадцать минут пятого.
10 Сегодня цветочник доставил красивый букет в двадцать пять минут третьего.

Задание 21

а Прослушайте запись. Выберите правильные часы. Например: 1 = з

б Потом нарисуйте часы и напишите полностью, который час.
Например: з двадцать пять минут восьмого

Задание 22

Прослушайте запись, потом составьте с партнёром диалоги.

Например:

 В котором часу ты завтракаешь?

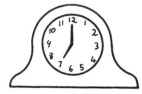 Я завтракаю в семь часов.

Во сколько ты обедаешь?

Я обедаю в двенадцать часов.

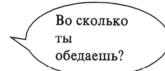 В котором часу ты ужинаешь?

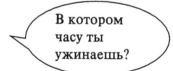 Я ужинаю в пять сорок пять.

Задание 23

Интервью с партнёром.

Вопросы

В котором часу ты просыпаешься?

встаёшь?

умываешься?

чистишь зубы?

одеваешься?

завтракаешь?

отправляешься в школу?

обедаешь?

возвращаешься домой?

ужинаешь?

раздеваешься?

ложишься спать?

Ответы

Смотрите на задание 15.

Еда

✎ Задание 24

Используя словарь, напишите список еды на завтрак, на обед и на ужин.

Например:

Завтрак	Обед	Ужин
гренки	бутерброд (с сыром)	курица
яйцо	йогурт	свинина (с капустой)

💬 Задание 25

Составьте с партнёром диалоги.

Вопрос: Что ты ешь и пьёшь на завтрак/на обед/на ужин?

В ответ употребите:

на	завтрак обед ужин	я ем	гренки хлеб бутерброд	с	маслом сыром ветчиной колбасой вареньем
			яйцо яблоко мороженое		
			кашу		
			курицу говядину	с	рисом картошкой морковью
			омлет пиццу сосиски		
		я пью	чай	с	лимоном сахаром
			лимонад кофе		
			молоко		
			пепси		

Задание 26

Прочитайте это интервью и ответьте на вопросы. Напишите п (правда) или н (неправда).

- Катя, в котором часу ты завтракаешь?
- Я завтракаю в семь тридцать с мамой и папой.
- Что ты обычно ешь и пьёшь на завтрак?
- Я ем гренки с маслом и вареньем и пью чай с сахаром.
- Ты обедаешь дома?
- Нет, в школе. На обед я ем суп или салат, а потом пиццу или котлеты и пью апельсиновый сок.
- А что ты ешь вечером, когда ужинаешь?
- Я ем курицу или ветчину с картошкой или салатом и булочку, а на сладкое мусс или торт. Когда я делаю домашнее задание, я пью кофе.

---

1 Katya has breakfast at 7.15.
2 She has breakfast with her mother and brother.
3 She drinks milk with her breakfast.
4 She has lunch at home.
5 She has soup or salad to begin with.
6 She drinks orange juice with her meal.
7 She sometimes has chicken for her evening meal.
8 As a dessert she has fruit salad or icecream.
9 Before she goes to bed she drinks a cup of cocoa.

 Задание 27

Прослушайте запись и заполните таблицу по-русски. Что они едят?

Например:

× 5

имя	на завтрак	на обед	на ужин
Саша	яйцо	бутерброд с сыром	пицца

Задание 28

Прочитайте это меню и ответьте на вопросы по-английски.

24 октября

ЗАВТРАК	20.000 р
Колбаса П/К	9000 р
Чай с сахаром	2000 р
Кольцо Московское	8000 р
Хлеб	1000 р
ОБЕД	16.000 р
Помидор свежий	3000 р
Тефтели с греч. каш.	10.000 р
Чай с сахаром	2000 р
Хлеб	1000 р
УЖИН	27.000 р
Суп рисовый	5000 р
Тушёная баранина с карт. кот.	15.000 р
Кисель п/я	6000 р
Хлеб	1000 р

Директор	Красинская
Главный повар	Калинина
Калькулятор	Воронина

1. For which date was this menu set?
2. You pay 2000 roubles for a drink. What is it?
3. How much would you pay for bread?
4. For breakfast you decide to eat something costing 9000 roubles. What is it?
5. What is the starter offered for lunch?
6. The main meal at dinnertime has been abbreviated. What are the two main ingredients of this dish?
7. What is on offer for dessert?
8. Who do you think 'Kalinina' is?

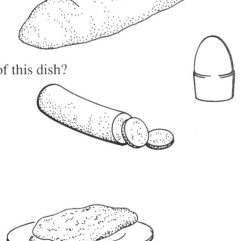

If you were staying in Russia you should not expect a breakfast of cereal or bacon and eggs. Instead you might be offered 'kasha', a kind of porridge made from buckwheat, or a continental-style breakfast consisting of boiled egg, slices of cheese or cold meats, 'tvorozhniki' which are pancakes served with sour cream or small filled pancakes known as 'blinchiki'. Tea is usually drunk at breakfast time.

Одежда

🎧 **Задание 29**

📖 Прослушайте запись и прочитайте, что носят эти молодые люди.

1
Здравствуйте! Меня зовут Лиза. Когда я иду на дискотеку, я надеваю чёрную юбку, красную блузку, туфли на высоких каблуках и кожаную куртку. Я очень люблю танцевать.

2
Здравствуйте! Меня зовут Борис. Когда я играю в теннис, я надеваю белые кроссовки, белые носки, шорты и майку. Я очень хорошо играю в теннис.

3
Привет. Меня зовут Зина. По вечерам я надеваю джинсы, ботинки, рубашку, жёлтый шарф и кожаную куртку.

4
Меня зовут Игорь. Вот моя школьная форма: чёрный пиджак, серые брюки, белая рубашка, зелёный галстук, чёрные ботинки, серые носки.

Задание 30

Как по-русски …?

1   When I go to a disco I wear a black skirt.
2   High heeled shoes.
3   When I play tennis I wear white trainers.
4   In the evenings I wear jeans and a shirt.
5   Black shoes and grey socks.
6   I wear a yellow scarf and a leather jacket.

Задание 31

Перепишите предложения в тетрадь и вставьте нужные слова.

1   Когда я играю в теннис _____.
2   Зимой_____.
3   Когда я хожу в школу _____.
4   Когда я хожу на дискотеку _____.
5   Когда я дома _____.
6   По вечерам _____.
7   Когда светит солнце _____.
8   Когда я играю в регби _____.
9   Когда я хожу в магазины _____.
10 Мне нравится носить _____.

	свитер
	галстук
	шарф
	платье
	пальто
	джинсы
	шорты
я надеваю	кроссовки
	туфли
	брюки
	куртку
	юбку
	рубашку
	школьную форму
	майку
	блузку

 ## Задание 32

Составьте с партнёром диалоги. Например:

– Что ты надеваешь, когда ты ходишь на дискотеку?

– Я надеваю платье и туфли – а ты?

Задание 33

Опишите вашу школьную форму.

Чему вы научились?   **What have you learned?**

In this unit you have learned to

1 Say what kind of home you live in

Я живу в большом доме/маленькой квартире в шумном/тихом районе
I live in a large house/a small flat in a noisy/quiet area

2 Say where something is in your home

в	кухне* спальне туалете
	столов**ой** ванн**ой** гостин**ой**
на	балконе лестнице

in	the kitchen the bedroom the toilet
	the dining room the bathroom the sitting room
on	the balcony the staircase

* В кухне/на кухне are both used to mean 'in the kitchen'.
В кухне is used to state simply that something is in the kitchen: e.g. холодильник в кухне.

На кухне is used to indicate that someone is doing a 'kitchen job' there – eating, washing up, cooking, e.g. мать готовит на кухне.

3 Say what you eat and drink at mealtimes

на	завтрак обед ужин	я	ем бутерброд
			пью чай

for	breakfast lunch dinner	I	eat a sandwich
			drink tea

4 Ask someone what time they have a particular meal

В котором часу Во сколько	ты	завтракаешь? обедаешь? ужинаешь?

At what time	do you have	breakfast? lunch? dinner?

5 Say what time you have a particular meal

Я	завтракаю обедаю ужинаю	в …

I have	breakfast lunch dinner	at …

6 Ask what time it is

Который час?   What is the time?
Сколько времени?   What time is it?

7 Tell time to the hour

без	десяти четверти двадцати пяти	два

ten quarter twenty-five	to	two

8 Tell time past the hour

полвторого   half past one
пять минут третьего   five past two
четверть четвёртого   quarter past three
двадцать минут пятого   twenty past four

9 Say at what time you do something

без десяти девять   at ten to nine
без четверти десять   at quarter to ten
в половине шестого   at half past five
в четверть седьмого   at quarter past six
в двадцать минут восьмого   at twenty past seven
полдевятого   at half past eight

10 Say what you put on

Я надеваю	свитер пальто джинсы туфли школьную форму майку

I put on	a sweater an overcoat jeans shoes my school uniform a tee-shirt

11 Talk about your daily routine

Я	просыпаюсь встаю умываюсь чищу зубы одеваюсь отправляюсь в … раздеваюсь ложусь спать

I	wake up get up get washed brush my teeth get dressed set off to … get undressed go to bed

Запомните слова!   Memorise the words!

апельси́новый сок	orange juice	носки́	socks
балко́н	balcony	обе́д	lunch
бара́нина	lamb, mutton	обе́дать	to have lunch
бе́лый	white	обыкнове́нный	usual
блу́зка	blouse	обы́чно	usually
большо́й	big	одева́ться	to get dressed
боти́нки	boots, shoes	оде́жда	clothing
брю́ки	trousers	омле́т	omelette
буди́льник	alarm clock	отправля́ться	to set off
буке́т	bouquet	паке́т	parcel
бу́лочка	roll	пальто́	overcoat
буфе́т	sideboard	пиджа́к	jacket, blazer
варе́нье	jam	пить	to drink
вестибю́ль	hall	я пью	I drink
ветчина́	ham	пи́цца	pizza
видеомагнитофо́н	video recorder	пла́тье	dress
встава́ть	to get up	плита́	stove, cooker
я встаю́	I get up	пол	floor
га́лстук	tie	на полу́	on the floor
гардеро́б	wardrobe	помидо́р	tomato
говя́дина	beef	просыпа́ться	to wake up
гости́ная	sitting room	пье́са	play
гренки́	toast	раздева́ться	to get undressed
дверь	door	райо́н	area, region
двухэта́жный	two-storeyed	рис	rice
джи́нсы	jeans	руба́шка	shirt
дома́шнее зада́ние	homework	сад	garden
доста́вить	to deliver	в саду́	in the garden
душ	shower	самова́р	samovar, tea urn
еда́	food	све́жий	fresh
есть	to eat	свини́на	pork
я ем	I eat	сви́тер	sweater
жёлтый	yellow	се́рый	grey
за́втрак	breakfast	спа́льня	bedroom
за́втракать	to have breakfast	стена́	wall
занаве́ски	curtains	стира́льная маши́на	washing machine
звони́ть	to ring	столо́вая	dining room
зелёный	green	суп	soup
зе́ркало	mirror	телеви́зор	television
йогу́рт	yogurt	те́фтели	meatballs
капу́ста	cabbage	ти́хий	quiet
карти́на	picture	торт	gateau
карто́шка	potatoes	туале́т	lavatory
ка́ша	porridge	ту́мбочка	bedside table
кварти́ра	flat	ту́фли	shoes
кни́жный шкаф	bookcase	ту́фли на высо́ких каблука́х	high heeled shoes
ковёр	carpet, rug	тушёный	stewed, braised
ко́жаный	leather	у́гол	corner
коридо́р	corridor	в углу́	in the corner
котле́та	cutlet, rissole	у́жин	dinner, supper
кра́сный	red	у́жинать	to have dinner
кре́сло	armchair	умыва́ться	to wash oneself
крова́ть	bed	ую́тный	comfortable
кроссо́вки	trainers	холоди́льник	fridge
ку́рица	chicken	цвето́чник	florist
ку́ртка	jacket	цветы́	flowers
ку́хня	kitchen	часы́	clock
ла́мпа	lamp	чёрный	black
ле́стница	stairs	чи́стить зу́бы	to brush one's teeth
лимо́н	lemon	я чи́щу зубы	I brush my teeth
лифт	lift	шарф	scarf
ложи́ться спать	to go to bed	шкаф	cupboard
я ложу́сь спать	I go to bed	шко́льная фо́рма	school uniform
магнитофо́н	tape recorder	шо́рты	shorts
ма́йка	tee-shirt	шу́мный	noisy
ме́бель	furniture	эта́ж	storey, floor
морко́вь	carrots	ю́бка	skirt
мусс	mousse	я́блоко	apple
надева́ть	to put on	яйцо́	egg

Свободное время

Как ты проводишь свободное время?

Задание 1

Прослушайте запись.Что они делают? Запишите номера и буквы картинок.
Например: 1 = г

| 1 Валя | 2 Борис | 3 Лена | 4 Андрей |
| 5 Соня | 6 Пётр | 7 Алёша | 8 Наташа |

📖 Задание 2

Прочитайте текст и предложения 1–10. Напишите п (правда) или н (неправда).

> Здравствуйте! Меня зовут Виктор Бондарчук. Я школьник, и я живу в Новгороде. У меня много интересов. Я спортсмен. Летом я играю в футбол, а зимой в хоккей. Я также плаваю. У нас в городе есть хороший бассейн. Там можно плавать и зимой и летом. Я также люблю гулять в парке. А зимой я катаюсь на коньках. По субботам я хожу в магазины: там я делаю покупки. Я покупаю одежду, книги и кассеты, когда у меня есть деньги. Вечером я иногда хожу в молодёжный клуб: там я играю в бильярд и в дротики. Я встречаюсь с друзьями и с подругами. Мы танцуем, слушаем музыку и разговариваем. Я люблю танцевать. У меня есть ещё хобби: я рисую. Я очень люблю рисовать.

1 Виктор живёт в Санкт-Петербурге.
2 У него много интересов.
3 Зимой он играет в футбол.
4 Он плавает в бассейне.
5 Он гуляет в парке.

6 По средам он ходит в магазины.
7 В клубе он играет в бильярд.
8 Он танцует в клубе.
9 Друзья слушают музыку и разговаривают.
10 Он не любит рисовать.

Задание 3

Что делает Виктор? Прочитайте ещё раз текст (задание 2) и составьте список.
Например: он играет в футбол

в хоккей

в …

он плавает

он …

 ## Задание 4

Ты часто играешь? Посмотрите на рисунки и прочитайте подписи к ним.

Do you often play? Look at the drawings and read the captions to them.

| я никогда не играю | я редко играю | я иногда играю | я часто играю | я обычно играю |

Когда ты делаешь это? Закончите эти предложения в тетради, употребляя слова из круга.

Complete these sentences in your exercise book, using words from the circle.

1 Я _____ играю в нетбол.
2 Я _____ хожу в школу с друзьями.
3 Я _____ хожу в магазины.
4 Я _____ езжу на море.
5 Я _____ играю в регби.
6 Я _____ не играю в волейбол.
7 Я _____ гуляю в парке.
8 Я _____ играю на гитаре.
9 Я _____ танцую в дискотеке.
10 Я _____ рисую.

часто
редко   никогда
иногда
обычно

 ## Задание 5

Работа в парах. Что ты делаешь в свободное время? Упражняйтесь с партнёром в следующем диалоге. Потом составьте диалог. Замените подчёркнутые слова другими словами. Потом поменяйтесь ролями.

Practise the following dialogue with your partner. Then make up your own dialogue. Substitute the words underlined with other words. Then swap roles.

А: А ты, что ты делаешь в свободное время?
Б: Я рисую.
А: Что ты делаешь по субботам?
Б: Я играю в хоккей.
А: А ты часто играешь?
Б: Да, часто.
А: А что ты делаешь по воскресеньям?
Б: Иногда я гуляю в парке, иногда читаю книги.

Задание 6

Что вы там делаете? Напишите предложения в тетради.
(Use the correct prepositions and word endings.)

Например: В школе я играю в волейбол.

1	школа	**6**	дискотека
2	бассейн	**7**	Дом молодёжи
3	парк	**8**	стадион
4	магазин	**9**	сад
5	клуб	**10**	центр города

Куда ты ходишь/ездишь?

 # Задание 7

Прослушайте запись. Куда они ходят или ездят? Запишите номера и буквы.
Например: 1 = з

а   б   в   г   д   е

ж   з   и   к   л

я хожу = 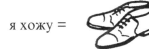   я езжу =

Задание 8

С партнёром упражняйтесь в этих фразах. Смотрите на задание 7. Партнёр А указывает на картинку и партнёр Б говорит подходящую фразу. Потом поменяйтесь ролями.

Practise these phrases with your partner. Look at Activity 7. Partner A points to a picture and Partner B says the appropriate phrase. Then swap roles.

Я хожу в магазины
    в кружок
    в бассейн
    в кино
    в молодёжный клуб

Я езжу в театр
    в Дом молодёжи
    на дискотеку
    на футбол
    на вечер
    на каток

Задание 9

Работа в парах. Задайте друг другу эти вопросы и ответьте на них.

Куда ты ходишь?
Куда ты ездишь?

Задание 10

Ты ходишь или ездишь?
Например: Я езжу в Дом творчества на автобусе.

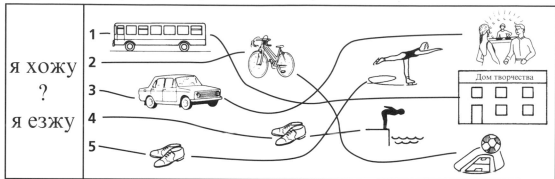

Что они любят?

 ## Задание 11

Прослушайте запись. Кто говорит? Запишите номера, буквы и имена.
Например: 1 = в, Оля

любить	to love, like
я люблю	мы любим
ты любишь	вы любите
он/она любит	они любят

Similarly:

видеть	вижу, видишь	проводить	провожу, проводишь
выходить	выхожу, выходишь	сидеть	сижу, сидишь
говорить	говорю, говоришь	слышать	слышу, слышишь
готовить	готовлю, готовишь	смотреть	смотрю, смотришь
ездить	езжу, ездишь	спать	сплю, спишь
ловить	ловлю, ловишь	ходить	хожу, ходишь

Note that the я-form (1st person singular) is often quite different.

Задание 12

Напишите предложения, употребляя подходящие фразы из левой и правой стороны прямоугольника. Например: Я ловлю рыбу на реке.

Write sentences using appropriate phrases from the left and right sides of the box.

на реке	я выхожу
в гостиной	я готовлю
на кухне	я смотрю телевизор
дома	я хожу в магазины
по телефону	я сижу
к друзьям	я ловлю рыбу
в городе	я говорю с друзьями
на стадионе	я смотрю фильм
в саду	я вижу автомобили
в кинотеатре	я смотрю спектакль
в спальне	я слышу птиц
на улице	я сплю
в театре	я смотрю матч

Задание 13

Работа в парах. Партнёр А задаёт вопросы А и партнёр Б – вопросы Б. Ответьте, употребляя фразы в задании 12.

А: Где ты готовишь?
Б: Где ты смотришь телевизор?
А: Где ты смотришь матч?
Б: Где ты ловишь рыбу?

А: Где ты спишь?
Б: Где ты видишь автомобили?
А: Где ты смотришь фильм?
Б: Где ты слышишь птиц?

Задание 14

Прочитайте предложения и напишите п (правда) или н (неправда).

1 Я хожу в магазины и там танцую.
2 Я смотрю спектакль в бассейне.
3 Я слушаю музыку в концертном зале.
4 Я ловлю рыбу в школе.
5 Я провожу свободное время в классе.
6 Я смотрю фильм в кинотеатре.
7 Я езжу в школу и там я делаю покупки.
8 Я сижу в саду и разговариваю с друзьями.
9 Я рисую в кружке.
10 Я готовлю в спальне.

Задание 15

Прослушайте запись. Кто говорит? Запишите номера и буквы.

а Виктор рисует.
б Володя и Боря ловят рыбу.
в Саша смотрит мультфильмы.
г Юлия плавает.
д Таня и Вера ходят во Дворец молодёжи.
е Анна готовит.
ж Галя и Катя катаются на коньках.
з Петя играет в шахматы.

Задание 16

Как они проводят свободное время? Напишите предложения.

1 Нина	**2** Андрей	**3** Иван
4 Дедушка	**5** Борис	**6** Оля

Задание 17

Что ты хочешь делать?

а Прослушайте запись. Кто говорит? Вы услышите голоса не по порядку. Запишите имена в тетрадь.

You will hear the voices in a different order. Write down the names in your exercise book.

Например: 1 = Зина

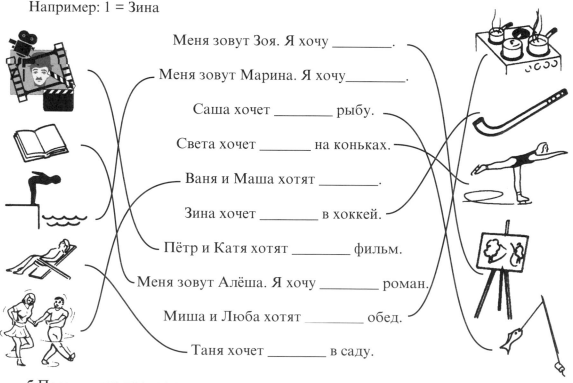

Меня зовут Зоя. Я хочу _____.

Меня зовут Марина. Я хочу_____.

Саша хочет _____ рыбу.

Света хочет _____ на коньках.

Ваня и Маша хотят _____.

Зина хочет _____ в хоккей.

Пётр и Катя хотят _____ фильм.

Меня зовут Алёша. Я хочу _____ роман.

Миша и Люба хотят _____ обед.

Таня хочет _____ в саду.

б Перепишите предложения сверху в тетрадь и закончите их.

Copy the sentences above into your exercise book and complete them.

хотеть to want	
я хочу	мы хотим
ты хочешь	вы хотите
он/она хочет	они хотят

Задание 18

 Ваш друг по переписке приезжает в Англию. Вы записали, как проводить время.

Your penfriend is coming to England. You have made a note of how to spend the time.

Спросите у партнёра, что он/она хочет делать. Например: «Ты хочешь ловить рыбу?» Партнёр отвечает: «Да, я хочу ловить рыбу» или «Нет, я не хочу ловить рыбу». Потом поменяйтесь ролями.

go swimming
go fishing
disco
football match
play tennis
go shopping

Задание 19

 Что Олег хочет делать? Что он не хочет? Прослушайте его ответы и заполните таблицу в тетради.

хочет	не хочет

Задание 20

Укажите пары. Например: 1 = г

Меня зовут Саша. Я люблю спорт.

1 Я люблю теннис.
2 Я больше люблю бадминтон.
3 А больше всего я люблю футбол.
4 Я ненавижу крикет.

Меня зовут Маша. Я тоже люблю спорт.

5 Я люблю баскетбол.
6 Я больше люблю лёгкую атлетику.
7 А больше всего я люблю гимнастику.
8 Я ненавижу хоккей.

а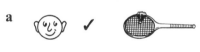

б

в

г

д

е

ж

з

Задание 21

Ты любишь спорт? Прослушайте примерные диалоги в записи. Потом посмотрите на картинки в задании 20 и с партнёром составьте четыре диалога.

Например: – Ты любишь крикет?
            – Нет, не люблю крикет.
            – Какой спорт ты больше любишь?
            – Я больше люблю теннис.

To say you prefer something, you can say either я больше люблю … or я предпочитаю … If you like something most of all, you say я люблю больше всего …

Что тебе нравится?

 Задание 22

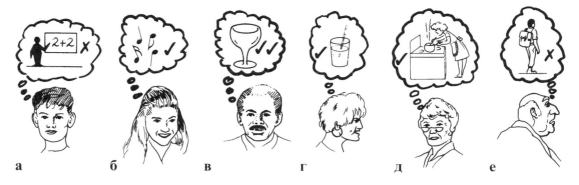

очень нравится нравится не очень нравится не нравится совсем не нравится

Прослушайте запись. Что ему нравится? Что ей нравится? Кто говорит?
Запишите номера и буквы.

а б в г д е

 Задание 23

Посмотрите на рисунки в задании 22 и прочитайте предложения. Укажите пары.

1 Вот Виктория. Ей нравится музыка.
2 Вот Валентина Александровна. Ей нравится сок.
3 Вот Николай Степанович. Ему не нравится гулять.
4 Вот Дмитрий. Ему не нравится школа.
5 Вот Анастасия Петровна. Ей нравится готовить.
6 Вот Виталий Николаевич. Ему очень нравится вино!

 Задание 24

Работа в парах. А что тебе нравится? Упражняйтесь с партнёром в этом диалоге.

– Тебе нравится <u>спорт</u>?
– Да, мне нравится <u>спорт</u>.
– Тебе нравится <u>плавать</u>?
– Нет, мне <u>не очень нравится</u> <u>плавать</u>.

Потом составьте похожие диалоги.
Замените подчёркнутые слова
другими словами.

Задание 25

Что им нравится/не нравится? Посмотрите на картинки и напишите предложения полностью.

Например:

Вот Лев.

Ему нравится мороженое.

1 Вот Алёша.

2 Вот Таня.

3 Вот Иван.

4 Вот мама.

5 Вот Борис.

6 Вот Антон.

7 Вот Света.

69 Задание 26

Какие передачи тебе нравятся?
Which television programmes do you like?
Посмотрите на таблицу и задайте друг другу вопросы.

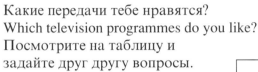

Например:

А: Тебе нравятся новости?
Б: Нет, мне не нравятся новости.

Note these examples:

Мне нравится шоколад.
Мне нрав**я**тся конфе**ты**.

When the noun is plural, the verb is plural too. Apply this rule with this exercise.

	Партнёр А	Партнёр Б
Новости	✓	✗
Мультфильмы	✓	✓
Комедии	✓	✓
Детективы	✗	✓
Музыкальные передачи	✓	✗
Спортивные передачи	✗	✓
Фильмы	✓	✓
Спектакли	✗	✗

Задание 27

Школьный обмен. У кого похожие интересы? Запишите номера и буквы.

Who has similar interests?

1 Меня зовут Лена. Мне 16 лет. Я живу в Курске. Я очень люблю английский язык. Я уже пять лет изучаю английский язык и я хочу посетить Англию. Я часто помогаю маме – люблю готовить. Иногда я люблю рисовать.

2 Меня зовут Игорь. Мне 13 лет. Я из Тулы. Я совсем не люблю девушек. В свободное время мы с папой смотрим футбол, ловим рыбу, собираем грибы и играем в шахматы.

3 Меня зовут Света. Мне 16 лет. Я живу в Москве. Я хочу переписываться с английской девушкой. В свободное время я люблю играть на скрипке – я играю в школьном оркестре. Мне очень нравится классическая музыка. Я совсем не люблю спорт.

A
Name: *Katy Green*
Age: *15*
Town: *Manchester*
Hobbies: *listening to music, playing guitar*

B
Name: Tom Brown
Age: 14
Town: Birmingham
Hobbies: football, swimming, walking the dog

C
Name: *Leanne Hawkins*
Age: *17*
Town: *London*
Hobbies: *drawing, chess, cooking*

Я не могу … болит нога!

 ## Задание 28

Что болит? Прослушайте запись. Запишите буквы и номера. Например: а = 7

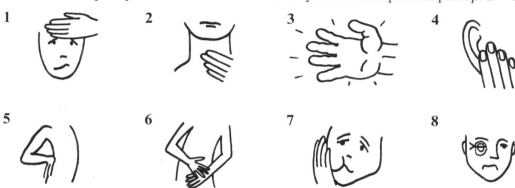

Задание 29

Посмотрите на картинки в задании 28. Поставьте предложения 1–8 в правильном порядке.

Например: 1 = 2

1   У меня болит горло.
2   У меня болит зуб.
3   У меня болит живот.
4   У меня болит голова.

5   У меня болит рука.
6   У меня болит глаз.
7   У меня болит спина.
8   У меня болит ухо.

Задание 30

Сначала упражняйтесь с партнёром в этих диалогах и заполните пропущенные слова во втором диалоге.

First practise these dialogues with your partner and supply the missing words yourself in the second dialogue.

1   – Ты хочешь <u>играть в теннис</u> сегодня?
     – Я не могу.
     – Почему?
     – Потому что у меня болит <u>рука</u>.

2   – Ты хочешь <u>играть в волейбол</u>?
     – Нет, я не хочу, потому что у меня _____ _____.

Потом составьте диалоги. Замените подчёркнутые слова другими и заполните пропущенные слова.

✍️ Задание 31

Составьте предложения, используя слова из прямоугольника.

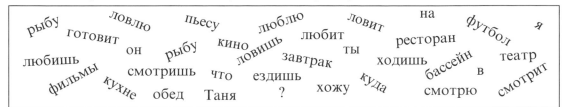

рыбу ловлю пьесу люблю ловит на футбол я
готовит он любит ресторан
любишь рыбу кино ловишь ты ходишь бассейн театр в
смотришь что завтрак смотрю смотрит
фильмы кухне обед Таня ездишь ? хожу куда

🎧 Задание 32

📖 Прослушайте запись. Саша вам расскажет, как он проводит свободное время. Напишите п (правда) или н (неправда).

1 По понедельникам я хожу в клуб.
2 По вторникам я плаваю в бассейне.
3 По средам я хожу во Дворец молодёжи.
4 По четвергам я сижу дома.
5 По пятницам я езжу в центр города.
6 По субботам я танцую в дискотеке.
7 По воскресеньям я играю в футбол.

✍️ Задание 33

Напишите семь предложений по-русски. Расскажите, чем вы занимаетесь каждый день недели.

Say what you do each day of the week.

📖 Задание 34

✍️ Прочитайте дневник Лидии и посмотрите на картинки. Напишите предложения. Если есть крестик значит, что она не выходит. Объясните почему.

If there is a cross, it means that she is not going out. Explain why.

Например: В понедельник она не идёт в клуб, потому что у неё болит голова.

понедельник:	*клуб*	x — 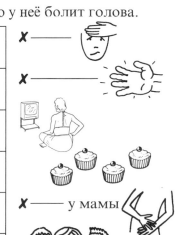
вторник:	*теннис*	
среда:	*сижу дома*	
четверг:	*готовлю*	
пятница:	*театр с мамой*	x —— у мамы
суббота:	*дискотека*	
воскресенье:	*кататось на коньках*	x ——

Задание 35

а Работа в парах. Представьте себе, что люди в таблице – это вы. Составьте диалоги.

Например:
– Как тебя зовут?
– Меня зовут Лорна
– Сколько тебе лет?
– Мне двенадцать лет

и так далее.

Имя	Возраст	Живёт в …	Семья	Хобби	Животные
Lorna	12	London			
Mike	15	Cardiff			✗
Angus	17	Aberdeen			
Tanya	16	Omsk			
Vera	14	Kursk	✗		
Boris	13	Moscow			

б Напишите очерк о себе или диалог.

Write an essay about yourself or a dialogue.

Задание 36

Типичный день. Прочитайте текст, потом опишите свой типичный день.

Утром Ваня слушает радио.
Днём он делает покупки.
Вечером он ходит на дискотеку.
Он редко ходит в кино.
Он никогда не готовит обед.
Он часто смотрит телевизор.
А вы?
Что вы делаете утром, днём и вечером?
Что вы хотите делать сегодня вечером?
Вы обычно слушаете музыку?
Вы ходите иногда в клуб?

Summary of useful time expressions
редко = sometimes
часто = often
никогда не = never
иногда = sometimes
обычно = usually

утром

днём

вечером

собака никогда не готовит

иногда кошка ловит мышь

собака обычно лает!

Задание 37

Прочитайте это письмо и напишите ответ.

Тверь
25-ое августа.

Дорогой друг!

Наша учительница английского языка дала мне твой адрес. Давай познакомимся! Меня зовут Саша, и я живу в центре нашего города. Я ученик средней школы №40, и у меня много хобби. Я люблю спорт и музыку - я играю в школьной команде в хоккей. По вторникам я занимаюсь гимнастикой в спортзале. Я играю на скрипке в школьном оркестре.

А ты, - какие у тебя хобби? Тебе нравится хоккей? Ты любишь классическую или поп-музыку? Мне будет очень интересно знать, как живут английские школьники и школьницы.

Пиши, пожалуйста, Саша.

Чему вы научились?   What have you learned?

In this unit you have learned or revised how to

1 Say how you spend your spare time

Как ты проводишь свободное время?
How do you spend your free time?

Я играю в футбол	I play football
Я играю на гитаре	I play the guitar
Я слушаю музыку	I listen to music
Я гуляю, ты гуляешь	I go for a walk, you go for a walk
Я танцую, ты танцуешь	I dance, you dance
Я встречаюсь с друзьями	I meet my friends

2 Say how often you do something

я	никогда не редко иногда часто обычно	I	never rarely sometimes often usually

3 Say whether you walk or travel to a place

я хожу я езжу	в	клуб

4 Say what you like

Что ты любишь?

Я люблю	фильмы танцевать

What do you like?

I like	films to dance

Что тебе нравится?

Мне Ему	нравится	готовить
		шоколад
Ей	нравятся	мультфильмы

What do you like?

I like He likes	to cook
	chocolate
She likes	cartoons

5 Say what you want

Что ты хочешь?
Я хочу смотреть фильм

What do you want?
I want to watch a film

6 Say what you prefer

Что ты больше любишь?
Что ты больше всего любишь?

What do you prefer?
What do you like most of all?

Я больше люблю теннис
Я больше всего люблю регби

I prefer tennis
I like rugby most of all

7 Say what you do not like

Я совсем не люблю крикет
Я ненавижу хоккей

I don't like cricket at all
I hate hockey

8 Say what is wrong with you

Что у тебя болит?
У меня болит горло

What is wrong with you?
I have got a sore throat

9 Ask and say why

Почему?
Я не могу
потому что у меня болит спина

Why?
I can't
because I have got backache

10 Say when during the day/week

у́тром	in the morning
днём	in the afternoon
ве́чером	in the evening
в сре́ду	on Wednesday
по сре́дам	on Wednesdays

Запомните слова!   Memorise the words!

Verbs

боле́ть	to be ill
ви́деть	to see
встреча́ться с (+ inst.)	to meet (with)
выходи́ть	to go out
говори́ть	to speak
гото́вить	to cook
гуля́ть	to walk, stroll
е́здить	to go
игра́ть	to play
ката́ться на конька́х	to skate
ката́ться на лы́жах	to ski
лови́ть ры́бу	to fish
люби́ть	to like, love
ненави́деть	to hate
отдыха́ть	to relax, rest
пла́вать	to swim
покупа́ть	to buy
проводи́ть	to spend (time)
разгова́ривать	to chat
рисова́ть	to draw
сиде́ть	to sit
слу́шать	to listen
слы́шать	to hear
смотре́ть	to watch
собира́ть	to collect
спать	to sleep
танцева́ть	to dance
ходи́ть	to go
хоте́ть	to want
чита́ть	to read

Nouns

авто́бус	bus
автомоби́ль	car
бадминто́н	badminton
баскетбо́л	basketball
билья́рд	billiards
вино́	wine
велосипе́д	bicycle
ве́чер	evening, party
вечери́нка	party
волейбо́л	volleyball
гимна́стика	gymnastics
гита́ра	guitar
глаз	eye
голова́	head
го́рло	throat
гриб	mushroom
детекти́в	detective story, whodunit
дискоте́ка	discotheque
дневни́к	diary
дворе́ц тво́рчества	youth club
дом тво́рчества	youth club
дро́тики	darts
друзья́	friends
живо́т	stomach
зуб	tooth
карикату́ра	cartoon, caricature
кассе́та	cassette
като́к	rink
кни́га	book
кома́нда	team
ко́мпакт-диск	CD
конфе́ты	sweets

конце́ртный зал	concert hall
кружо́к	circle, study group
ку́хня	kitchen
лёгкая атле́тика	athletics
матч	match
моде́ль	model
молодёжный клуб	youth club
моро́женое	icecream
мультфи́льмы	cartoons
но́вости	news
нога́	leg
орке́стр	orchestra
откры́тка	postcard
переда́ча	broadcast
пече́нье	biscuit
пье́са	play
пиро́жное	fancy cake
подру́га	girlfriend
поку́пки	purchases, shopping
портре́т	portrait
пти́ца	bird
река́	river
рома́н	novel
рука́	arm, hand
скри́пка	violin
спа́льня	bedroom
спекта́кль	a show
спина́	back
спортза́л	sports hall
телеви́зор	TV set
телефо́н	telephone
торт	gateau
футбо́л	football
у́хо	ear
учени́к	pupil
хо́бби	hobby/hobbies
ша́хматы	chess
шко́льный обме́н	school exchange

Other words and phrases

бо́льше	more
бо́льше всего́	most of all
ве́чером	in the evening
дава́й познако́мимся	let's get acquainted
до́ма	at home
днём	in the afternoon
к друзья́м	to friends
с друзья́ми	with friends
ему́/ей нра́вится/нра́вятся	he/she likes
иногда́	sometimes
за́втра	tomorrow
за́втра ве́чером	tomorrow evening
коне́чно	of course
мо́жет быть	perhaps
никогда́ не	never
обы́чно	usually
пешко́м	on foot
потому́ что	because
почему́	why
ре́дко	seldom
сего́дня	today
коми́ческий	comic (adj.)
у́тром	in the morning
ча́сто	often
что с тобо́й?	what's the matter?
я не могу́	I can't

Транспорт

Извините, пожалуйста, где банк?

под

над

между

за

перед

рядом с

Look at the picture above. Think about the meaning of the words in Russian. They tell you where the boys are in relation to the boxes. You will need to learn them in order to talk about where the various places and buildings are situated.

Задание 1

Вот улица с магазинами. Перепишите план в тетрадь. Потом прослушайте запись и напишите какие магазины находятся под буквами А–З.

Е	Ж	З
АПТЕКА	Г	Д

А	Б	В

Задание 2

Работа в парах. Вот ещё одна улица с магазинами. Спросите у партнёра, где находятся разные магазины.

Например: Где находится ресторан? Ответьте, употребляя: под, над, между, за, перед и рядом с.

КЛУБ	БАНК	КАФЕ
ТЕАТР	АПТЕКА	КИОСК

ПОЧТА	РЕСТОРАН	УНИВЕРМАГ

На вокзале

 Задание 3

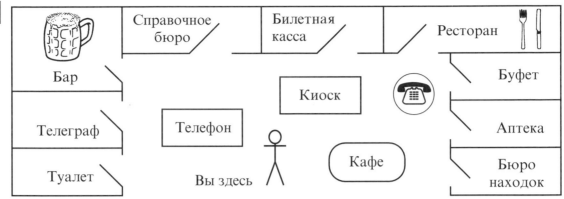

Вот вестибюль вокзала. Разыграйте диалоги с партнёром. Спросите, где находятся разные места. Партнёр отвечает, употребляя не только «направо, налево, прямо» но и «перед, за, между, рядом с».

Например: А: Извините, пожалуйста, где буфет?
Б: Вот **направо**, **между** рестораном и аптекой.

Потом напишите несколько предложений. Например: Киоск находится перед билетной кассой.

 Задание 4

Работа в парах. Спросите у партнёра, где находятся следующие места. Партнёр отвечает, употребляя: вот, здесь, рядом, рядом с, совсем рядом, вон там, направо, налево, прямо, (слева от, справа от).

Например: А: Извините, пожалуйста, где находится библиотека?
Б: Вот здесь, направо.

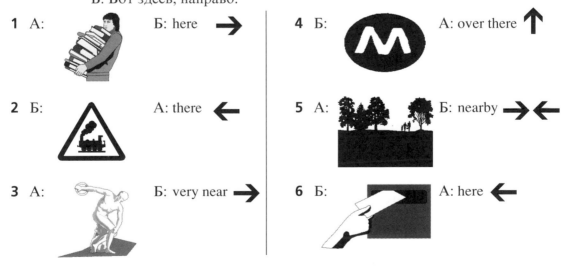

After practising the dialogues indicated by the prompts, you could try variations, for example:

А: Извините, пожалуйста, где библиотека?
Б: Вот, слева от станции метро.

Задание 5

Кто где стоит в очереди? Работа в парах. Спросите у партнёра, кто стоит за/перед/между …?

Например: Где стоит клоун?
или: Кто стоит перед клоуном?

Потом напишите несколько предложений. Например: Старик стоит перед клоуном.

лётчик	милиционер	медсестра	матрос	мужчина с собакой
женщина с мальчиком		бабушка с девочкой	старик	клоун
	стюардесса		почтальон	

Экскурсия в город

Задание 6

Посмотрите на план города. Прослушайте запись и напишите по-русски, где можно …

Задание 7

Придумайте дневник. Опишите экскурсию в город (смотрите на задание 6).
Укажите:

- что вы делаете
- в котором часу
- где
- где находится это место.

Например:

ВТОРНИК 10.30. Я на почте.
Я покупаю открытку и марки.
Почта находится рядом с

Где ближайший вокзал?   Where's the nearest station?

> If you want to travel anywhere you first have to find the transport. For example:
>
> Где находится ближайший вокзал?
> Где находится ближайшая станция метро?
> Где находится ближайшее справочное бюро?

Задание 8

Прослушайте запись и напишите по-английски, где находятся ближайшие места.

Задание 9

Работа в парах. Спросите у партнёра, где находятся ближайшие места. Партнёр отвечает, употребляя: рядом с, перед, за, за углом, между, недалеко отсюда.

Например: А: Извините, пожалуйста, где находится ближайшее метро?
              Б: Недалеко отсюда, рядом с гостиницей.
              А: Большое спасибо.

В справочном бюро

Задание 10

В справочном бюро можно спрашивать дорогу в город, в больницу, на вокзал и так далее. Прослушайте запись. Напишите, куда хотят ехать или идти эти люди.

At the information bureau you can ask the way to the town, hospital, railway station and so on.

> Если вы не понимаете сразу, скажите: Извините, пожалуйста, я не понимаю – повторите, пожалуйста.

If you want to know which bus, tram or trolleybus to catch, ask:

Какой автобус идёт до парка?
Какой трамвай идёт до библиотеки?
Какой троллейбус идёт до кинотеатра?
Какой автобус идёт до вокзала?
Какой автобус идёт до станции?

🎧 Задание 11

Работа в парах. Спросите у партнёра, какой автобус/троллейбус/трамвай идёт в названные места.

Например: А: Какой автобус идёт в центр города?
Б: Четвёртый автобус идёт в центр.

автобус → [карта] ? ❹	трамвай → [собор] ? ⑥
автобус → [билет] ? ❿	автобус → [парк] ? ❾
трамвай → [машина с клоуном] ? ②	троллейбус → [здание] ? ⑧
троллейбус → [библиотека] ? ①	троллейбус → [знак с паровозом] ? ③
трамвай → [здание МГУ] ? ⑦	автобус → [самолёт] ? ❺

Having decided which bus to catch you need to know when it departs and arrives.
Russians ask:

Когда отправляется/отходит автобус?   Answers are given using a 24 hr. clock:
Когда отправляется первый автобус?
Когда отправляется следующий автобус?   Следующий автобус отправляется
Когда отправляется последний автобус?   в 15.00.
Когда прибывает автобус?

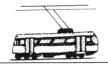

❝❞ Задание 12

Работа в парах. Посмотрите на расписание автобусов. Каждая поездка длится 30 минут. Сейчас 12.15.

Look at the timetable of the buses. Each journey lasts 30 minutes. The time is now **12.15**.

Задайте друг другу следующие вопросы и ответьте на них.

Например: **1** Пятый автобус отправляется в двенадцать тридцать и прибывает в клуб в час.

Автобусы	\	\	\	Расписание	\	\
	№ 5	№ 7	№ 10	№ 13	№ 18	№ 25
	0600	0515	0530	0700	0635	0645
	0700	0615	0630	0800	0735	0745
	0900	0815	0830	0900	0915	0925
	1115	1045	1015	1100	1055	1105
	1230	1300	1245	1315	1145	1210
	1400	1450	1330	1415	1240	1305
	1600	1705	1450	1515	1410	1500
	1800	1905	1740	1805	1700	1715
	2105	2210	1945	2130	2000	1950
	2300	2315	2310	2330	2245	2300
	клуб	школа	фабрика	улица Блохина	площадь Ломоносова	аптека

Сейчас

1 Какой автобус идёт до клуба и когда отправляется и прибывает следующий?

2 Какой автобус идёт до аптеки и когда отправляется последний?

3 Какой автобус идёт до фабрики и когда прибывает следующий?

4 Какой автобус идёт до школы и когда отправляется первый?

5 Какой автобус идёт до улицы Блохина и когда отправляется следующий?

6 Какой автобус идёт до школы и когда прибывает последний?

7 Какой автобус идёт до площади Ломоносова и когда отправляется второй?

8 Какой автобус идёт до фабрики и когда отправляется и прибывает первый?

If you have an appointment to keep, journey time can be important.

Сколько времени идёт автобус от парка до больницы?

Сколько времени идёт автобус от справочного бюро до аэропорта?

Сколько времени идёт автобус от рынка до галереи?

Сколько времени идёт автобус от станции до Красной площади?

🎧 Задание 13

Вы на автовокзале. Прослушайте эти сообщения и запишите время отправления, время прибытия и продолжительность проезда.

Listen to the information and jot down the time of departure, time of arrival, and duration of the journey.

×5

Место	Время отправления	Время прибытия	Продолжительность

Сколько билетов?

At the booking office you will need to get tickets for all those travelling:

один	билет
два три четыре	билета
пять шесть семь	билетов

🎧 Задание 14

Прослушайте запись и запишите, сколько билетов хотят эти пассажиры.

If you are travelling by train and only want a SINGLE you will say:

в один конец ───────────────►

However, if you want a RETURN you will say:

туда и обратно   (there and back) ◄──────────────

🎧 Задание 15

Прослушайте запись ещё раз и запишите, какой билет хочет пассажир.

В ОДИН КОНЕЦ или ТУДА И ОБРАТНО
───────────────►   ◄───────────────

В билетной кассе

🎧 Задание 16

✏️ Прослушайте запись и заполните таблицу (**Worksheet 5.4**).

Куда	Сколько билетов	Время отправления	→ или ⮌

❝❞ Задание 17

Работа в парах. Замените подчёркнутые слова в диалоге.
Используйте все варианты. Потом поменяйтесь ролями.

Substitute the words underlined in the dialogue. Use all the variants. Then change roles.

А: Сколько билетов вы хотите?
Б: <u>Два билета</u>, пожалуйста.
А: В один конец или туда и обратно?
Б: <u>В один конец</u>.

1 4 5 3 2

⮌ → ⮌ → ⮌

С какой платформы отходит поезд на …?

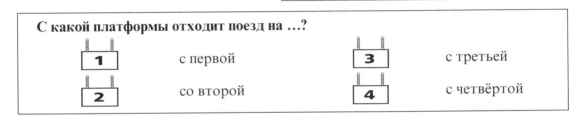

1	с первой	**3**	с третьей
2	со второй	**4**	с четвёртой

🎧 Задание 18

Прослушайте запись и узнайте с какой платформы отходит поезд.

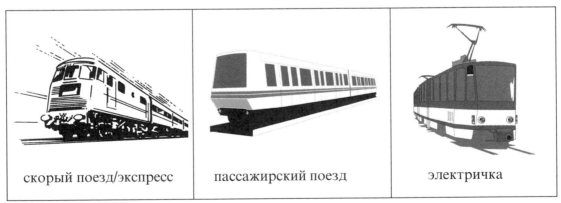

скорый поезд/экспресс	пассажирский поезд	электричка

🎧 Задание 19

✏️ Прослушайте запись и заполните нужную информацию в таблицу (**Worksheet 5.4**).

Какой номер?	Куда идёт поезд?	Время отправления	Какой поезд С, П или Э?	С какой платформы?

🎧 Задание 20

Работа в парах. Задайте друг другу вопросы о расписании. Узнайте:

- номер поезда
- какой это поезд
- куда идёт поезд
- время отправления
- с какой платформы отходит/отправляется поезд.

Например: В котором часу отправляется поезд на …?
С какой платформы отправляется поезд на …?
Куда идёт поезд номер …?
Какой поезд отправляется в … часов … минут?
Какой это поезд на …?

Санкт-Петербург – Отправление поездов				
номер	поезд	пункт назначения	время отправления	с платформы
7	скорый	Москва	09.20	2
12	пассажирский	Уфа	10.30	1
8	электричка	Купчино	11.00	6
6	пассажирский	Новгород	11.15	3
10	скорый	Рига	12.30	8
15	электричка	Автово	14.30	4
9	пассажирский	Выборг	16.00	5
11	скорый	Вологда	18.15	7

🎧 Задание 21

а Сколько времени идёт поезд? Эта таблица указывает, сколько времени идёт поезд от Москвы до разных городов. Работайте с партнёром и узнайте, сколько времени идут поезда от Москвы.

Например: А: Сколько времени идёт поезд «Москва–Санкт-Петербург»?
Б: Поезд идёт шесть часов тридцать минут.

 б Посмотрите на атлас и узнайте, в какой стране находится:

- Баку
- Тбилиси
- Ереван
- Львов.

Запишите ответы по-английски.

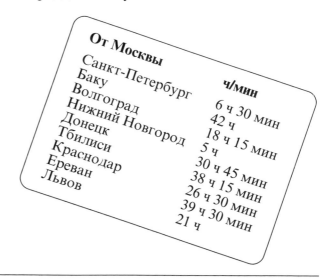

От Москвы	ч/мин
Санкт-Петербург	6 ч 30 мин
Баку	42 ч
Волгоград	18 ч 15 мин
Нижний Новгород	5 ч
Донецк	30 ч 45 мин
Тбилиси	38 ч 15 мин
Краснодар	26 ч 30 мин
Ереван	39 ч 30 мин
Львов	21 ч

Задание 22

Посмотрите на следующее расписание поездов и ответьте на вопросы (1–5). Если вы хотите, напишите ответы полностью.

Например: Поезд номер 15 прибывает в Минск в двенадцать минут шестого.

Потом прочитайте предложения 6–10 и напишите п (правда) или н (неправда). Если предложение неправильное, напишите правильный ответ по-английски.

№ поезда	Прибытие	Отправ-ление	Маршрут следования	Км
МОСКВА – Брест «Восток–Запад Экспресс»				
15	–	20.17	Москва Белор. вок.	0
	1.22	1.26	Смоленск	419
	5.12	5.22	Минск	750
	8.45	–	Брест	1100
БРЕСТ – Москва «Запад–Восток Экспресс»				
16	–	2.05	Брест	0
	5.31	5.41	Минск	350
	9.17	9.19	Смоленск	681
	14.41	–	Москва Белор. вок.	1100

1 В котором часу прибывает поезд из Москвы в Минск?

2 Сколько времени идёт поезд от Москвы до Бреста?

3 Сколько километров между Москвой и Брестом?

4 В котором часу отправляется из Смоленска поезд номер 16?

5 Сколько времени стоят поезда в Минске?

6 Шестнадцатый поезд идёт на запад.

7 От Минска до Смоленска триста сорок один километр.

8 Поезд номер 16 стоит в Смоленске только две минуты.

9 Поезд идёт десять часов от Минска до Москвы.

10 Пятнадцатый поезд отправляется из Минска и прибывает в Брест.

Электрички в город

❝ Задание 23

Работа в парах. Посмотрите на расписание. Оно показывает время отправления электричек в центр города. Спросите у партнёра, в котором часу идёт **следующая** электричка. Партнёр смотрит на расписание и на часы и вам скажет время отправления и сколько времени нужно ждать.

Look at the timetable. It shows the times of departure of commuter trains to the centre of the city. Ask your partner what time the next commuter train goes. Your partner looks at the timetable and the clocks and tells you the time of departure and how long you must wait.

Например: А: В котором часу идёт следующая электричка?
Б: В семь пятьдесят, значит через двадцать минут.

Электрички к Москве		
7.50	10.15	12.10
8.25	10.45	14.05
9.05	11.25	15.20

❝ Задание 24

Работа в парах. Узнайте следующие сведения.

1 В справочном бюро:
- время отправления поезда (А)
- номер поезда (Б)
- место назначения (В)
- с какой платформы (Г)
- какой поезд (скорый, пассажирский или электричка) (Д)
- сколько времени идёт поезд (Е)

2 В кассе билетов скажите, что вам нужно:
- сколько билетов (Ж)
- в один конец или туда и обратно (З)

Справочное бюро						Касса билетов	
А	Б	В	Г	Д	Е	Ж	З
9.00	12	ТВЕРЬ	1	с	2 ч.		
2.00	8	ТУЛА	2	п	3 ч.		
4.15	4	КИЕВ	3	с	8 ч 30 мин		
9.40	17	МИНСК	4	п	9 ч		
7.35	9	КУРСК	5	с	5 ч 15 мин		
8.30	10	НОГИНСК	6	э	45 мин		

С пересадкой или без пересадки?

Whilst travelling to your destination you may have to change transport. Russians ask: Нужно сделать пересадку?	The answer will be: Да, нужно сделать пересадку. or Нет, не нужно сделать пересадку.

💬 Задание 25

Нужно сделать пересадку? Посмотрите на эту схему метро в Санкт-Петербурге. Спросите партнёра, нужно ли сделать пересадку во время следующих поездок. Если вы хотите, выберите станции сами.

Например: Проезд «Петроградская–Купчино» – нужно сделать пересадку?

1 Элизаровская–Пушкинская
2 пр. Ветеранов–пл. Мужества
3 Фрунзенская–Балтийская

4 Звёздная–пл. Александра Невского
5 Московские ворота–Автово
6 Лесная–Нарвская

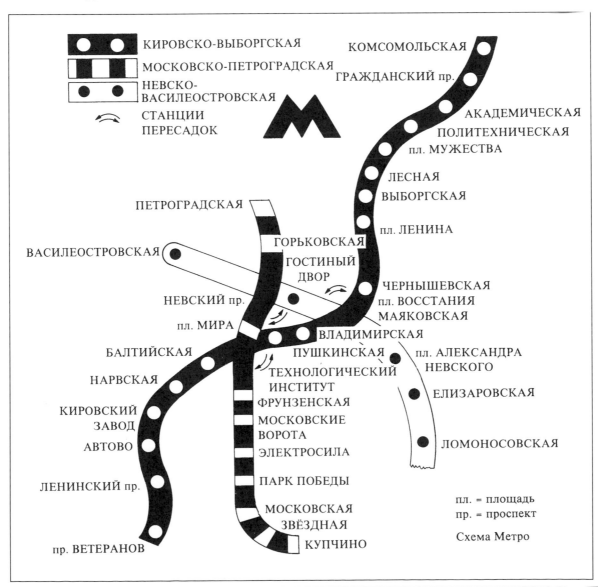

Задание 26

Посмотрите на картинки и прочитайте предложения. Предложения не по порядку картинок. Поставьте их в правильном порядке.

а В вагоне тесно и шумно, но интересно. Разные люди есть – и старые и молодые.

б Быстро идёт поезд. Дедушка читает газету, а Пётр смотрит в окно на поля и сёла.

в Пётр живёт в деревне, недалеко от Москвы. Сегодня его день рождения и они с дедушкой едут в Москву смотреть футбольный матч.

г Через час они уже на вокзале в Москве. Здесь нужно сделать пересадку. Пётр с дедушкой спускаются вниз по эскалатору. Не нужно долго ждать – поезда идут через каждые 5 минут.

д Вот стадион! Пётр видит его в первый раз. Он с нетерпением ждёт начала матча. «Какой чудесный день рождения», думает он.

е Остановка автобуса находится перед домом Петра. У Петра есть расписание. Он знает, что автобус идёт.

ж На железнодорожной станции Пётр покупает два билета «туда и обратно», план города Москвы и схему московского метро.

з На улице много народа, здания высокие. Пётр не знает, как пройти отсюда на стадион. Он спрашивает дорогу у девушки в справочном бюро. Она говорит: «Нужно идти прямо, потом налево».

Чему вы научились?　　What have you learned?

In this unit you have learned how to say the following:

1　Relative positions:

перед	in front of	рестораном	(note the change of endings)
за	behind	музеем	
над	above	почтой	
рядом с	next to	станцией	
под	under		
между	between		

2　Asking about the location of the nearest facility:

Где находится ближайший/ая/ее …?　　Where is the nearest …?

3　Asking for instructions to be repeated:

Повторите, пожалуйста　　Could you repeat, please

4　Enquiries about departure and arrival times:

Когда отправляется/отходит поезд?　　When does the train leave?
Когда прибывает/приходит автобус?　　When does the bus arrive?

5　Enquiries about transport routes:

Какой автобус/трамвай идёт до …?　　Which bus/tram goes to …?

6　Asking about the duration of a journey:

Сколько времени идёт автобус?　　How long does the bus journey last?

7　Ordering tickets:

один билет	one ticket
два/три/четыре билета	two/three/four tickets
пять билетов	five tickets

8　Asking for singles and returns:

в один конец	single
туда и обратно/обратный билет	return

9　Asking about the platform of departure:

С какой платформы отходит поезд?　　From which platform does the train leave?
С первой/со второй/с третьей/
с четвёртой　　Platform No. 1, 2, 3, 4

10　Asking whether a change is necessary:

Нужно сделать пересадку?　　Is a change necessary?

Запомните слова!   Memorise the words!

In this unit you have met the following words:

апте́ка	chemist's	прибы́тие	arrival
библиоте́ка	library	прое́зд	journey
биле́т	ticket	проспе́кт	avenue
биле́тная ка́сса	ticket office	прямо́й	direct
ближа́йший	nearest	ра́зный	various
буфе́т	buffet	расписа́ние	timetable
бюро́ нахо́док	lost property office	ры́нок	market
води́тель	driver	ря́дом	close by
гости́ница	hotel	ря́дом с	beside, next to
грузови́к	lorry	ско́рый	fast
де́вочка	little girl	сле́дующий	next, following
де́вушка	girl	спра́вочное бюро́	enquiry office
день рожде́ния	birthday	спуска́ться	to descend
дневни́к	diary	стари́к	old man
докуме́нт	document	стоя́нка такси́	taxi-rank
же́нщина	woman	стюарде́сса	stewardess
за	behind	схе́ма метро́	plan of underground
заказа́ть	to order	такси́ст	taxi driver
зда́ние	building	телегра́ф	telegraph office
зна́чит	that means, i.e.	тесно́	it is stuffy
зоомагази́н	pet shop	трамва́й	tram
клоу́н	clown	тролле́йбус	trolleybus
лётчик	pilot	у́гол	corner
ма́льчик	boy	шофёр	chauffeur, driver
маршру́т	route	шу́мно	it is noisy
матро́с	sailor	цирк	circus
ме́жду	between	чуде́сный	wonderful
милиционе́р	policeman	экспре́сс	express train
моря́к	sailor, seaman	экску́рсия	excursion
мужчи́на	man	электри́чка	electric, commuter, local train
над	over/above		
наро́д	people, nation	эскала́тор	escalator
нетерпе́ние	impatience		
отправле́ние	departure	**Фра́зы**	
отправля́ться	to depart	ме́сто назначе́ния	destination
отходи́ть	to depart, to leave	с нетерпе́нием	with impatience
пассажи́рский	passenger (train)	повтори́те,	repeat,
пе́ред	in front of	пожа́луйста,	please,
переса́дка	change	я не понима́ю	I do not understand
платфо́рма	platform	продолжи́тельность	
пло́щадь	square	прое́зда/пое́здки	duration of journey
повтори́ть	to repeat	спра́шивать доро́гу	to ask the way
под	under	в оди́н коне́ц	one way, single
пое́здка	trip, journey	туда́ и обра́тно	there and back, return
по́ле (поля́ pl.)	field		
после́дний	last		
посыла́ть	to send		
почтальо́н	postman		
прибыва́ть	to arrive		

Можно посмотреть?

Сувениры

Задание 1

Прослушайте запись и посмотрите на картинки.

а	б	в
300.000 р	50.000 р	20.000 р
г Россия 30.000 р	**д** 17.000 р	**е** МОСКВА 150.000 р
ж 30.000 р	**з** 15.000 р	**и** BADGE BADGE 6000 р

Задание 2

Работа в парах. Посмотрите на картинки в задании 1. Составьте диалоги.

Например: – Можно посмотреть ручку?
   – Можно.
   – Сколько стоит?
   – 3000 р.

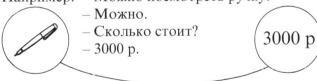

3000 р

Задание 3

Прослушайте запись. Используя картинки в задании 1, вам надо решить, кто хочет какой сувенир. Напишите букву картинки.

Using the pictures in Activity 1, you need to decide who wants what souvenir.

Например: 1 = и

Можно посмотреть	значки открытки куклу матрёшку

Задание 4

Прослушайте запись. Что эти люди хотят посмотреть?

Задание 5

Работа в парах. Упражняйтесь с партнёром в следующем диалоге. Потом разыграйте диалог, используя картинки.

Practise the following dialogue with your partner. Then perform the dialogue using the pictures.

Слева

– Можно посмотреть
   карту России, пожалуйста?
   Она справа.
– Можно. Вот она.
– Сколько стоит?
– 30.000 рублей.

Справа

 ## Задание 6

Прослушайте запись. Шесть покупателей делают покупки. Удалось ли им купить то, что они хотели? Перепишите таблицу и заполните её.

Six shoppers have been doing their shopping. Did they succeed in buying what they wanted?

		Предмет	Можно купить?	Цена
×6	1			

 ## Задание 7

Антон отдыхает в Киеве. Вот его список.
Что он хочет купить? Напишите их по-английски.

значки
самовар
пластинки
плакаты
открытки
календарь
книга о Киеве
кукла

82

🎧 Задание 8

Покажите, пожалуйста, браслет.

Прослушайте запись.

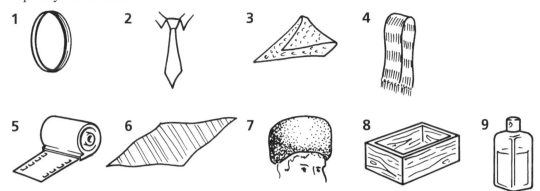

Прослушайте запись ещё раз. Что они хотят купить? Напишите номера в правильном порядке.

👄 Задание 9

Работа в парах. Составьте диалоги.

Например:
– Покажите, пожалуйста, шапку.
– Пожалуйста.
– Сколько стоит?
– 250.000 рублей.

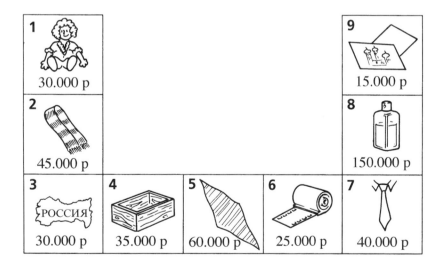

1					9
30.000 р					15.000 р
2					8
45.000 р					150.000 р
3	4	5	6	7	
РОССИЯ 30.000 р	35.000 р	60.000 р	25.000 р	40.000 р	

🗨 **Задание 10**

Упражняйтесь с партнёром в следующем диалоге.

Practise the following dialogue with your partner.

– Покажите, пожалуйста, платок.
– Платок справа?
– Нет, красивый платок слева.
– Пожалуйста.

Разыграйте диалоги в парах.

Диалог 1	Диалог 2
А: Покажите, пожалуйста …	Б: Покажите, пожалуйста …

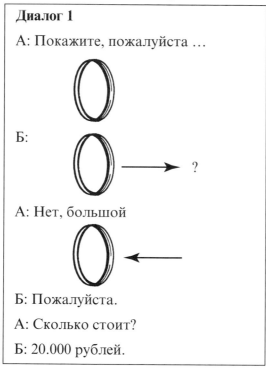

Б:

А: Нет, большой

Б: Пожалуйста.

А: Сколько стоит?

Б: 20.000 рублей.

А:

Б: Да, маленький

А: Пожалуйста.

Б: Сколько стоит?

А: 300.000 рублей.

📖 **Задание 11**

🗨

а   Перепишите английские слова в тетрадь и рядом напишите русские слова в правильном порядке.

gold	шёлковый
silver	хлопковый
woollen	золотой
wooden	кожаный
plastic	серебряный
leather	пластмассовый
cotton	деревянный
silk	шерстяной

?

б   Вы в магазине. Спросите нет ли у них …?

1 *A big leather briefcase*
2 *A small wooden box*
3 *A small silver cross*
4 *A beautiful gold chain*
5 *A large woollen scarf*
6 *A red plastic handbag*

🎧 Задание 12

Прослушайте запись. Что тебе нужно?
Например: 1 = в

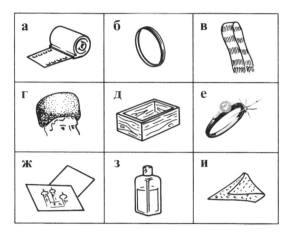

Мне нужен	браслет платок шарф
Мне нужна	плёнка шапка шкатулка
Мне нужно	кольцо
Мне нужны	духи открытки пластинки

💬 Задание 13

Что нужно этим туристам?

John

Sister – big bag
Aunt – perfume
Mum – cotton headscarf
Uncle – woollen scarf
Dad – pen
Brother – leather briefcase

Anne

Brother – records
Sister – matrioshka
Friend – silver ring
Mum – wooden box
Husband – fur hat
Cousin – postcards

Fred

Mum – silver bracelet
Stepfather – book about Moscow
Brother – badges
Sister – doll
Grandma – gold cross
Grandad – silk tie

📖 Задание 14

Вот список подарков на Новый год. Что Юрий хочет купить и кому? Перепишите список по-английски.

Here is a list of presents for New Year. What does Yuri want to buy and for whom?

серебряный браслет – бабушке
большая сумка – сестре
коробка конфет – папе
шёлковый платок – маме
деревянная шкатулка – брату
кожаный портфель – дедушке

Задание 15

Прослушайте запись. Что им нужно и для кого? Перепишите таблицу и заполните её.

	Предмет	Для кого
1		

× 10

Задание 16

Прочитайте письмо. Следующие предложения правильные или неправильные? Запишите п (правда), н (неправда) или неиз. (неизвестно).

> Дорогая Мэри!
> Спасибо за твоё письмо. Сейчас у нас каникулы и скоро будет Новый год. Я люблю Новый год. В квартире у нас ёлка в гостиной.
> Мы с подругой уже ходили в магазины. Я купила подарки.
> Я купила красивую куклу сестре. Ей девять лет. Брату я купила хорошую пластинку и шерстяной шарф. Маме я купила золотой крест и маленькую книгу. Папе я купила кожаный портфель. Бабушке я купила маленький самовар и дедушке я купила шёлковый галстук.
> С Новым годом! Твоя Анна.

1 Анна в школе.
2 Она не любит Новый год.
3 Ёлка в гостиной.
4 Она была в городе с мамой.
5 Сестре она купила браслет.

6 В Киеве идёт снег.
7 Она купила брату шарф.
8 Папе она купила портфель.
9 Самовар – большой.
10 Дедушке она купила ручку.

69 Задание 17

У вас есть что-нибудь подешевле?

Работа в парах. Упражняйтесь в диалоге, и потом посмотрите на картинки и разыграйте диалоги.

– Мне нужна шкатулка. Сколько стоит?
– 35.000 рублей.
– Это слишком дорого. У вас есть что-нибудь подешевле?
– Есть. Пожалуйста. Стоит 30.000 рублей.

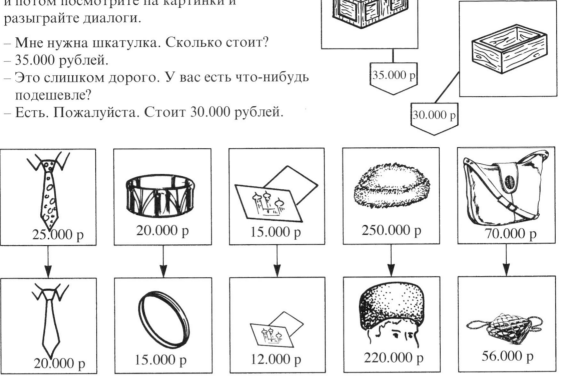

Задание 18

Прослушайте запись. Что они хотят купить? Перепишите таблицу в тетрадь и заполните её.

	предмет	кому	цена 1	цена 2
1	_____	_____	48.000 р	_____
2	_____	сестра	_____	_____
3	_____	_____	_____	15.000 р
4	_____	_____	88.000 р	_____
5	книга	_____	_____	_____

☐ Задание 19

Если вы делаете покупки в России, вам надо будет искать эти вывески.

If you go shopping in Russia you will need to look for these signs.

| УНИВЕРМАГ | | ДОМ КНИГИ |

Вы найдёте эти вывески в универмагах. Вот ещё две полезные вывески.

You will find these signs in department stores. Here are two more useful signs.

| ОТДЕЛ | | КАССА |

Надо будет сказать в каком отделе вы купили свой подарок, когда вы платите за него. Если вы в Москве или в Санкт-Петербурге эти магазины вам будут полезны.

You will need to say in which department you bought your present when you pay for it. If you are in Moscow or St Petersburg you will find these shops useful.

| ГУМ | | ГОСТИНЫЙ ДВОР |

☐ Задание 20

В каком отделе можно купить эти вещи? Запишите номер этажа и букву картинки.

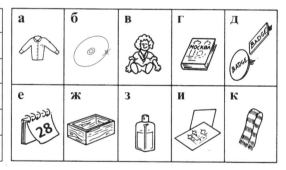

6	ОДЕЖДА
5	КОМПАКТ-ДИСКИ – ЗНАЧКИ
4	СУВЕНИРЫ – ПОДАРКИ
3	ОТКРЫТКИ – МАРКИ – КНИГИ
2	ИГРУШКИ
1	ПАРФЮМЕРИЯ

❝ Задание 21

Работа в парах. Упражняйтесь в этом диалоге, потом, употребляя план отделов наверху, скажите, на каком этаже находится отдел.

– Скажите, пожалуйста, где отдел «Сувениры»?
– На четвёртом этаже.

В кафе (1)

 ### Задание 22

Прослушайте запись. Потом упражняйтесь в этом диалоге.

– Стакан чая и бутерброд с сыром, пожалуйста.
– Это всё?
– Нет. Дайте, пожалуйста, кекс. Сколько с меня?
– С вас 14.000 рублей.

Разыграйте диалоги с партнёром.

Диалог 1

А:

Б: Это всё?

А: Нет.

Сколько с меня?

Б: 14.000 рублей.

Диалог 2

Б:

А: Это всё?

Б: Нет.

Сколько с меня?

А: 17.000 рублей.

 ### Задание 23

Прослушайте запись. Восемь людей в кафе. Кто что хочет? Запишите букву заказа.

Например: 1 = з

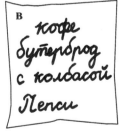

УРОК 6

Два лимонада

Задание 24

Прослушайте запись.

– Два лимонада и два кофе, три бутерброда
  с сыром и бутерброд с колбасой, пожалуйста.
– Пожалуйста. Это всё?
– Нет. Дайте, пожалуйста, четыре кекса.
  Сколько с меня?
– С вас 62.000 рублей.

2	две (f)	чашки	
2	два (m)		стакана
3	три	чашки	стакана
4	четыре	чашки	стакана

Разыграйте диалоги в парах.

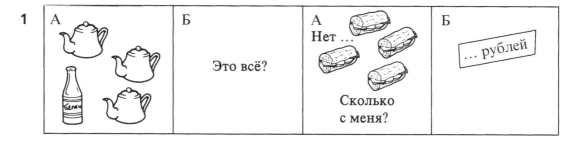

Задание 25

Работа в парах или в группах. Что заказали эти люди?

В кафе (2)

 ## Задание 26

Прослушайте запись.

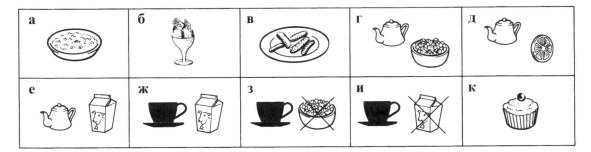

 ## Задание 27

Посмотрите на картинки в задании 26 и прослушайте запись. Эти люди заказывают ещё раз. В каком порядке они заказывают блюда? Запишите букву картинки.

 ## Задание 28

 Прослушайте запись. Потом упражняйтесь в этом диалоге с партнёром.

– Два чая, пожалуйста.
– Вам с сахаром?
– Нет, без сахара, но с молоком.
– Это всё?
– Нет, дайте, пожалуйста, сосиски и два компота.
– Пожалуйста. С вас 27.000 рублей.

Задание 29

Разыграйте диалоги в парах.

Диалог 1

А: 2 ×

Б: Вам с сахаром?

А: ✓

Б: Это всё?

А: Нет.

Б: 9000 рублей.

Диалог 2

Б: 3 ×

А: Вам с лимоном?

Б: ✗

А: Это всё?

Б: Нет.

А: 11.000 рублей.

Задание 30

Вот Анна Петровна. Она работает в кафе «Космос».
Прослушайте запись и заполните таблицу
по-английски.

× 5

Заказ	Сколько

 Задание 31

Ответьте на вопросы по-английски.

МЕНЮ

Чай	2000 p	Бутерброды	
Кофе	2000 p	с сыром	10.000 p
Какао	2000 p	с колбасой	10.000 p
Лимонад	5000 p	Курица с рисом	12.000 p
Пепси	5000 p	Сосиски	7000 p
Сок	3000 p	Кекс	2000 p
Квас	4000 p	Мороженое	5000 p
Компот	9000 p	Пирожное	3000 p

1 You are with four friends, but only have 50,000 roubles. Can you have a sandwich and a drink each?

2 You like cola drinks. Can you order one here?

3 Your penfriend's grandmother loves icecream. Is it worth going to this cafe?

4 Your penfriend's little brother wants a drink, but only has 2000 roubles. What can he have?

5 You want a snack, but only have 10,000 roubles, and you would like a drink. What cold drink and cold snacks can you have which will total 10,000 roubles?

6 You like chicken. Can you get it here?

7 You decide to spend 20,000 roubles. Order a drink and two things to eat.

8 What hot meals can you get here?

Чему вы научились?   What have you learned?

In this unit you have learned how to:

1 Ask to see a present: Можно посмотреть самовар?

2 Say it is possible: Можно

3 Ask/say if something is –

on the left   слева
on the right   справа

4 Ask if an item is available: У вас есть?

5 Ask to be shown something   Покажите, пожалуйста, …

6 Describe items: красивый браслет
золотая цепочка

7 Say you need something: Мне нужен/нужна/нужно/нужны…

8 Ask if a friend needs something: Тебе нужен/нужна/нужно/нужны…?

9 Understand/say for whom a   для папы/мамы/брата/сестры/бабушки/
present is needed: дедушки
папе/маме/брату/сестре/бабушке/
дедушке

10 Say an item is too expensive: Это слишком дорого.

11 Ask for a cheaper item: У вас есть что-нибудь подешевле?

12 Ask where departments are in a shop: Где отдел «Сувениры»?

13 Order drinks in a cafe: Стакан лимонада, пожалуйста.

14 Order food in a cafe: Мне сосиски, пожалуйста.

15   2   два стакана/две чашки чая
Order 3 drinks   три стакана кваса/три чашки кофе
4   четыре стакана сока/четыре чашки какао

16 Say if you want a drink

with/without sugar: с сахаром/без сахара
with/without milk: с молоком/без молока
with/without lemon: с лимоном/без лимона

17 Order two/three/four food items: два/три/четыре кекса

Запомните слова!　　Memorise the words!

In this unit you have met the following words:

Покýпки	Shopping
браслéт	bracelet
гáлстук	tie
духú	perfume
значкú	badges
игрýшки	toys
календáрь	calendar
кáрта Россúи	map of Russia
кассéта	cassette
кнúга о	book about
Кúеве	Kiev
Москвé	Moscow
Санкт-Петербýрге	St Petersburg
кольцó	ring
компáкт-дúск	compact disc
корóбка конфéт	box of sweets
крест	cross
кýкла	doll
матрёшка	matrioshka doll
одéжда	clothing
откры́тки	postcards
плакáт	poster
пластúнка	record
платóк	headsquare
плёнка	film
подáрок	present
портфéль	briefcase
рýчка	pen
самовáр	samovar
сýмка	bag, handbag
цепóчка	chain
шаль	shawl
шáпка	fur hat
шарф	scarf
шкатýлка	box, casket

Другúе словá и фрáзы	Other words and phrases
большóй/áя/óе	big, large
деревя́нный/ая/ое	wooden
золотóй/áя/óе	gold
кóжаный/ая/ое	leather
красúвый/ая/ое	beautiful
мáленький/ая/ое	small
некрасúвый/ая/ое	plain, ugly
отдéл	department
пластмáссовый/ая/ое	plastic
серéбряный/ая/ое	silver

слéва	on the left
спрáва	on the right
хлóпковый/ая/ое	cotton
шерстянóй/áя/óе	woollen
шёлковый/ая/ое	silk

Кафé	Cafe
бутербрóд с колбасóй	salami sandwich
бутербрóд с сы́ром	cheese sandwich
какáо	cocoa
квас	kvass
кекс	cake
компóт	compote, stewed fruit
кóфе	coffee
кýрица с рúсом	chicken with rice
лимóн	lemon
лимонáд	lemonade
молокó	milk
морóженое	icecream
пéпси	Pepsi
пирóжное	fancy cake, pastry
сáхар	sugar
сок	juice
сосúски	sausages
стакáн	glass
чай	tea
чáшка	cup

Куда они ездили?

 ## Задание 1

Прослушайте запись и запишите по-английски, куда ездили студенты.

Шотландия

Москва

Ирландия

Голландия

Лондон

Португалия

Париж

Франция   Италия

Испания

Греция

Анна

Джули

Ричард

Наташа

Игорь

Филипп

Моника

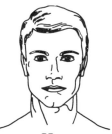

Иван

🎧 Задание 2

Прослушайте запись и напишите п (правда) или н (неправда).

1 Джейн ездила в Лондон.
2 Оливия ездила на море.
3 Наташа ездила в Испанию.
4 Питер ездил в Россию на каникулы.
5 Саша ездил в Лондон.
6 Юрий ездил в Англию, в деревню.
7 Джон ездил в Грецию на каникулы.
8 Нина осталась дома.

💬 Задание 3

Работа в парах. Спросите у партнёра, куда он/она ездил/а.

Например: А: Куда ты ездил/а на каникулы?
           Б: Я ездил/а в Испанию, на море.

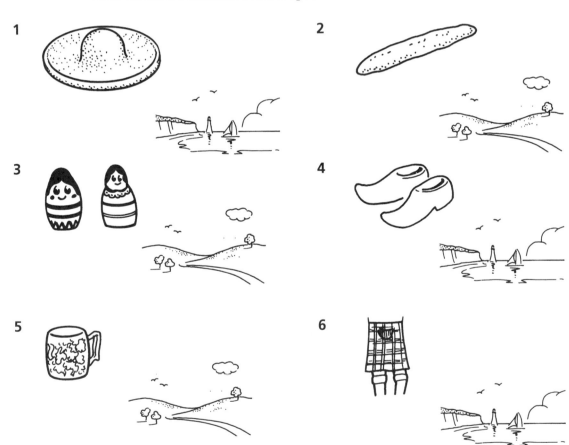

✍ Задание 4

Посмотрите на ваши ответы в задании 1 и напишите по-русски, куда ездили студенты.

Например: **1** Анна ездила во Францию, в Париж.

🎧 Задание 5

Прослушайте запись. Куда и когда ездили студенты на каникулы? Запишите номера и буквы.

Например: 1 = з

а январь	**б** февраль Париж	**в** март	**г** апрель ├КИЕВ
д май САНКТ-ПЕТЕРБУРГ	**е** июнь	**ж** июль	**з** август Париж
и сентябрь ├КИЕВ	**к** октябрь	**л** ноябрь САНКТ-ПЕТЕРБУРГ	**м** декабрь

💬 Задание 6

Работа в парах. Посмотрите на картинки в задании 5 и спросите у партнёра, куда он/она ездил/а и когда.

Например:

А: Куда ты ездил/а на каникулы?
Б: Я ездил/а в Англию.
А: Когда?
Б: В январе.

> Remember:
> To say 'in a month' use **в** and add **е** to the end of the month. For example:
>
> март ➡ в марте (in March)
>
> If the month ends in –ь, take off the **ь** first:
>
> июнь ➡ в июне (in June)
>
> Note: май ➡ в мае

✏️ Задание 7

Перепишите предложения в тетрадь и вставьте месяцы. Используйте ваши ответы в задании 5 (вы записали нужные буквы картинок).

1   В прошлом году Саша ездил во Францию в _____.

2   В прошлом году Коля ездил в Лондон в _____.

3   Люда осталась дома на каникулах в прошлом году. В этом году в _____ она ездила на море.

4   В прошлом году в _____ Наташа ездила в Санкт-Петербург на каникулы.

5   Костя ездил в Киев на каникулы. Он ездил туда в _____.

6   Пётр ездил на море на каникулы. Он ездил туда в_____.

🎧 Задание 8

Перепишите таблицу в тетрадь. Прослушайте запись и узнайте, как ездили студенты на каникулы. Поставьте галочки.

	на велосипеде	на самолёте	на теплоходе	на машине	на автобусе	на поезде
Например:	1	✓				

×10

💬 Задание 9

Работа в парах. Спросите у партнёра, как он/она ездил/а на каникулы.

Например:

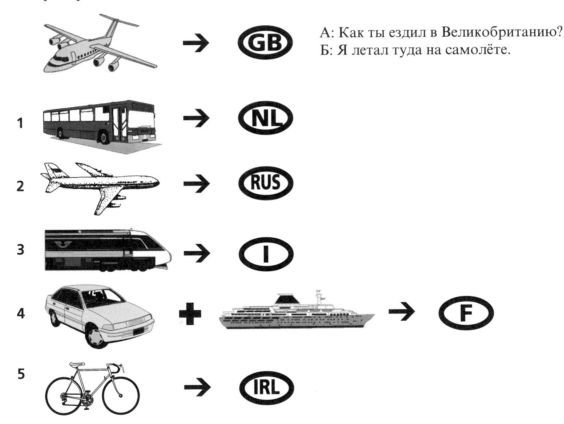

А: Как ты ездил в Великобританию?
Б: Я летал туда на самолёте.

> To talk about travelling by a means of transport, use **на** and change the word ending to **е**. For example: **на** автобус**е**

🎧 Задание 10

Прослушайте запись. Перепишите таблицу в тетрадь и заполните её.

	Куда	Когда	Как
Например:	1 Америка	апрель	самолёт

×8

98

✏️ Задание 11

Перепишите предложения в тетрадь и закончите их, используя ваши ответы в задании 10.

1 Саша сздил в _____ на _____ в _____.

2 Джули ездила на _____ на _____ в _____.

3 Ричард ездил в _____ на_____ в _____.

4 Маша ездила в _____ на _____ в _____.

5 Игорь ездил в _____ на _____ и на_____ в _____.

6 Филипп ездил в _____ на _____ в _____.

7 Моника ездила на _____ на _____ в _____.

8 Иван ездил в _____ на _____ и на _____ в _____.

✏️ Задание 12

Напишите куда ездили эти люди и как они ездили туда.

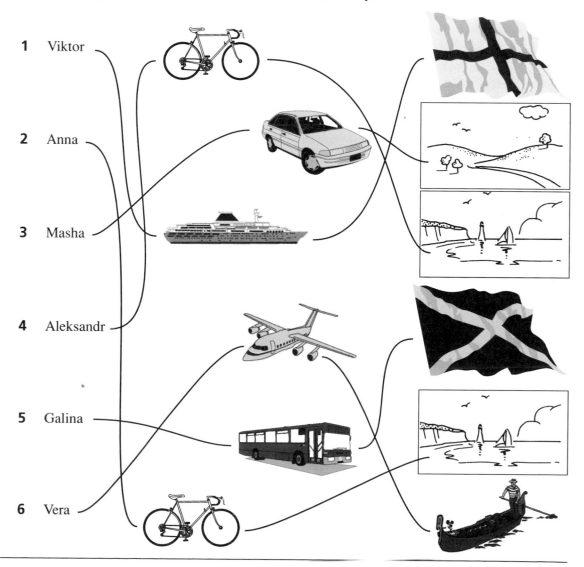

1 Viktor

2 Anna

3 Masha

4 Aleksandr

5 Galina

6 Vera

Задание 13

Прослушайте запись и посмотрите на карту Европы. Прочитайте предложения и запишите п (правда) или н (неправда).

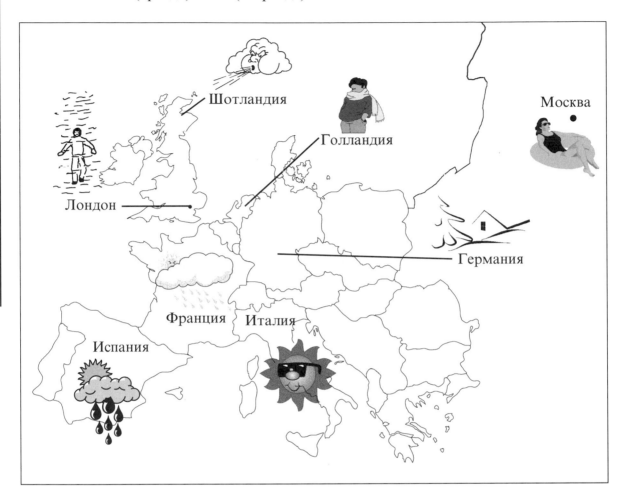

1   В Лондоне был туман.

2   В Москве шёл снег.

3   В Италии было жарко.

4   В Испании была плохая погода.

5   В Шотландии дул ветер.

6   В Париже было тепло.

7   В Голландии было холодно.

8   В Германии светило солнце.

⟪⟫ Задание 14

Спросите у партнёра, какая была погода в этих странах.

Например: А: Какая была погода в Германии?
Б: Было холодно.

1 **D**

2 **NL**

3 **F**

4 **I**

5 **RUS**

6 **E**

7 **GB**

8 **IRL**

🎧 Задание 15

📖 Прослушайте запись и напишите пары номеров и букв.

1 В Лондоне

2 В Париже

3 В Москве

4 В Италии

5 В Голландии

6 В Испании

7 В Шотландии

а шёл дождь

б был туман, была плохая погода

в была гроза, сверкала молния

г было холодно, шёл снег

д было прохладно

е светило солнце, была хорошая погода

ж дул ветер

Задание 16

Посмотрите ещё раз на задание 14 и напишите, какая была погода в разных странах.

 Задание 17

Прочитайте открытки и предложения 1–8. Ответьте «да», «нет» или «не знаю».

В августе я ездил в Испанию на море. Светило солнце и жарко было. Юрий

В ноябре я ездила в Париж. Летела туда на самолёте. Отлично было Пока, Нина.

Привет из Италии! Приехал вчера. Очень жарко было. Живу в деревне — здесь очень тихо. Пока, Борис.

В прошлом году я ездила в Голландию на море. Очень холодно было. Пока Марина.

1 Борис ездил в деревню.
2 Нина ездила в Париж в марте.
3 Марина летала на самолёте.
4 Юрий ездил на поезде.
5 В Италии было жарко.
6 В ноябре в Париже шёл снег.
7 Нина ездила на машине.
8 Юрий и Марина ездили на море.

Задание 18

Теперь напиши, куда ты ездил/а на каникулы, когда, как ездил/а туда и какая была погода.

Задание 19

Прослушайте запись и узнайте, где жили эти люди. Запишите номера и буквы.

1 Наташа

2 Саша

3 Игорь

4 Таня

5 Серёжа

6 Ирина

7 Костя

8 Иван

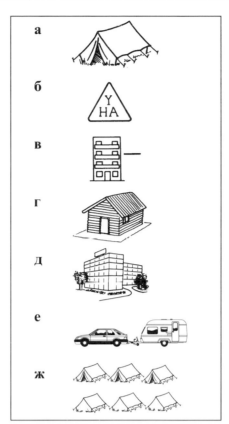

Задание 20

Напишите слова в правильном порядке. Начинайте предложения с прописной буквы.

Begin the sentences with a capital letter.

1 жили летом мы в кемпинге.

2 я гостинице в жила в январе.

3 году в я квартире прошлом жил в.

4 в жили Испании в мы общежитии.

5 даче жил в на я деревне.

6 Франции жили во в мы доме-автоприцепе.

7 сестра Греции в моя палатке в жила.

Задание 21

Работа в парах. Спросите друг друга, где жили эти люди на каникулах. Используйте ваши ответы в задании 19 (вы записали буквы картинок).

Например: А: Где Наташа жила на каникулах?
              Б: Она жила в общежитии. (б)

📖 **Задание 22**

Прочитайте письмо и ответьте п (правда) или н (неправда).

г. Ньюкасл
10-ое сентября

Привет, Юра!

В этом году я очень хорошо провёл каникулы. Я ездил во Францию на поезде. Я жил в маленькой гостинице в центре города. В Париже было очень хорошо: было тепло и светило солнце. Потом я был в Италии. Мы жили в кемпинге на севере, но, к сожалению, шёл дождь.

В августе мы с папой были в Шотландии. У нас была маленькая квартира в Эдинбурге. Какой чудесный город!

Где ты был, где жил?
Очень жду ответа
Стив.

1 Он летал во Францию на самолёте.
2 Там он жил в общежитии.
3 В Париже погода была хорошая.
4 В Италии шёл снег.
5 Он жил на юге.
6 Он был в Шотландии с мамой.
7 Он любит Эдинбург.

Задание 23

 Прослушайте запись и посмотрите на картинки.

1	Я посетил музей	2	Я лежала на пляже
3	Я гулял в деревне	4	Я плавала в море
5	Я ходил на пляж	6	Я ходила в кино
7	Я играл в теннис	8	Я танцевала на дискотеке
9	Я сидел дома	10	Я смотрела телевизор

🎧 Задание 24

Прослушайте запись и заполните таблицу (**Worksheet 7.5**). Поставьте галочки.

✏️ Задание 25

Посмотрите на ответы записанные на листке 7.5 и напишите, что делали студенты на каникулах.

📖 Задание 26
🎧

Прочитайте дневник Лены. Потом прослушайте запись. Правда ли всё, что она написала или нет?

суббота	Лежала на пляже. Вечером ходила в кино – хороший фильм.
воскресенье	<u>Шёл дождь</u>, сидела дома, смотрела теннис по телевизору.
понедельник	Ходила в город с Антоном. Купила открытки, сувениры.
вторник	Играла в теннис. Было жарко. Потом плавала в море.
среда	Ходила в ресторан. Заказала пиццу и салат – очень вкусно.
четверг	Утром посетила музей – было очень интересно.
пятница	Вечером танцевала на дискотеке. Поздно легла спать!

✏️ Задание 27

Теперь напишите свой дневник. Что вы делали на каникулах?

🎧 Задание 28

Прослушайте запись и напишите, что понравилось этим людям.

1 Лена

2 Вова

3 Катя

4 Костя

5 Борис

6 Нина

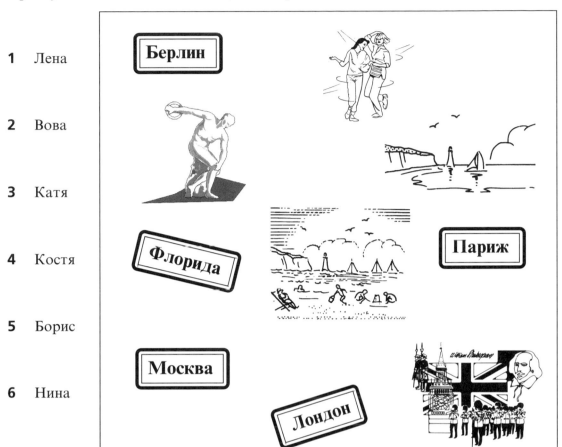

💬 Задание 29

Посмотрите на рисунки и вывески в задании 28. Представьте себе, что вы – эти люди. Спросите у партнёра, что ему/ей понравилось.

Например:

А: Куда ты ездил(а) на каникулы?
Б: Я ездил(а) в Париж.

А: Тебе понравился Париж?
Б: Да. Париж мне очень понравился.

Б: Что ты делал(а) на каникулах?
А: Я плавал(а) в море и танцевал(а) на дискотеке.

Б: Тебе понравилось море?
А: Нет, не очень, но мне понравилась дискотека.

🎧 Задание 30

Перепишите таблицу в тетрадь. Прослушайте запись и заполните таблицу.

	Куда ездили	Как ездили туда	Когда ездили	Что там делали	Какая была погода	Что им понравилось
× 5						

Задание 31

Прослушайте запись и запишите несколько подробностей по-русски о том, как ученики провели каникулы.

Listen to the tape and note down a few details in Russian about how the pupils spent their holidays.

Например: Алёша, деревня, машина (и так далее)

Говорит Алёша! Зимой я провёл каникулы в деревне. Я ездил туда на машине с папой. Весь день мы катались на коньках или на лыжах. Мы жили в маленькой гостинице. Было очень холодно и шёл снег, но я отлично провёл время.

Здравствуй! Это я, Маша! Год назад я жила в общежитии у Чёрного моря. Я ездила туда на автобусе. Всё время светило солнце. Мы ходили на экскурсию в музей. Однажды мы были на пикнике и гуляли в лесу. Мне очень понравилось Чёрное море.

Привет! Меня зовут Ваня. Летом я провёл каникулы во Франции. Мы с братом ездили туда в доме-автоприцепе. Там я плавал в реке и в море и лежал на пляже – погода была хорошая. Иногда я играл в волейбол и ходил в ночной клуб или на дискотеку. Мы жили в доме-автоприцепе – он мне понравился.

Привет. Это Лида. Ах, я совсем не люблю каникулы. В августе я жила в палатке в кемпинге с мамой и сестрой. Мы посетили музей, но я уже там была. Смотрели фильм о спорте – очень скучно. Постоянно шёл дождь. Завтра снова в школу – ура!

Теперь прочитайте текст и ответьте на вопросы по-английски.

1 When did Vanya visit France and where did he stay?
2 Name two things he might have done in the day and one in the evening.
3 How did Masha get to the Black Sea?
4 Name one thing she seemed to enjoy about the holiday and one thing she did there.
5 What kind of holiday does Alyosha describe?
6 What kind of accommodation did he stay in?
7 Who did he go with?
8 Name two types of weather he mentions.
9 When did Lida go on holiday and where did she stay?
10 Name two reasons why she might not have enjoyed the holiday.

69 Задание 32

Работа в парах. Составьте диалоги. Ответьте на вопросы полностью.

Например: Я ездил(а) в Москву.

Выберите разумные ответы на следующие вопросы.

Choose sensible answers to the subsequent questions. For example, if you say you went to Moscow you can't later say that you swam in the sea there.

Куда ты ездил(а) на каникулы?

в Москву в США	в Сочи во Францию	в Лондон в Италию

Как ты ездил(а) туда?

на автобусе на машине	на самолёте на велосипеде	на поезде на теплоходе

Когда ты ездил(а) на каникулы?

в августе в мае	в декабре в марте	в июне в сентябре

Что ты делал(а) там?

Я посетил(а) музей Я гулял(а) в деревне	Я ходил(а) в кино Я плавал(а) в море	Я лежал(а) на пляже Я танцевал(а) на дискотеке

Какая была погода?

Шёл дождь Было тепло	Дул ветер Светило солнце	Было холодно Погода была хорошая

Что тебе понравилось?

кино погода	дискотека музей	море деревня

Чему вы научились?

What have you learned?

In this unit you have learned how to:

1 Ask where and when someone went on holiday

Куда Когда	ты ездил(а) он ездил она ездила	на каникулы?

and say where and when someone went on holiday

		в	августе
я ездил(а) он ездил она ездила	на каникулы	в	июле
		в	Испанию
		во	Францию
		летом зимой	

2 Ask how someone travelled on holiday

Как ты ездил(а) туда?
Как он ездил в Америку?
Как она ездила во Францию?

and say how someone travelled on holiday

я	ездил(а)		поезде
он	ездил		машине
она	ездила	(туда) на	автобусе
	летал(а)		самолёте
	плавал(а)		теплоходе

3 Ask where someone stayed

Где ты жил(а)?
Где он жил?
Где она жила?

and say where someone stayed/lived

Я жил(а) в доме-автоприцепе
Он жил в кемпинге
Она жила в палатке
Мы жили на даче

4 Ask what someone did on their holidays

Что ты делал(а) на каникулах?
Что он делал на каникулах?
Что она делала на каникулах?

5 Say some of the things you did on holiday

Я играл(а) в теннис
Я плавал(а) в море
Я гулял(а) в деревне
Я гулял(а) в лесу

Я ходил(а) в кино
Я ходил(а) на пляж
Я лежал(а) на пляже
Я танцевал(а) на дискотеке
Я остался/осталась дома
Я сидел(а) дома
Я смотрел(а) телевизор

6 Say what you liked/enjoyed

Мне понравился Лондон
Мне понравился музей
Мне понравилась Москва
Мне понравилась дискотека
Мне понравилось море

I liked London
I enjoyed the museum
I liked Moscow
I enjoyed the discotheque
I enjoyed the sea

Запомните слова!   Memorise the words!

ботани́ческий сад	botanical gardens	Ита́лия	Italy
велосипе́д	bicycle	Португа́лия	Portugal
ви́деть	to see	Росси́я	Russia
гости́ница	hotel	США	USA
гроза́	storm	Фра́нция	France
гуля́ть	to go for a walk	Шотла́ндия	Scotland
да́ча	dacha		
дере́вня	countryside	**Ме́сяцы**	
дом-автоприце́п	caravan	янва́рь	January
е́здить	to go (by vehicle)	февра́ль	February
е́хать	to go (by vehicle)	март	March
за́втра	tomorrow	апре́ль	April
кани́кулы	holidays	май	May
ке́мпинг	campsite	ию́нь	June
куда́	where (to)	ию́ль	July
купи́ть	to buy	а́вгуст	August
лежа́ть	to lie	сентя́брь	September
лес	forest	октя́брь	October
лета́ть	to fly/go by air	ноя́брь	November
метео́р	hydrofoil	дека́брь	December
мо́ре	sea		
ночно́й клуб	nightclub	**Фра́зы**	
общежи́тие	hostel	ве́чером	in the evening
оста́ться	to remain, stay	в про́шлом году́	last year
пала́тка	tent	в э́том году́	this year
Пари́ж	Paris	до́ма	at home
пла́вать	to sail/go by sea,	дул ве́тер	the wind blew
	to swim	зи́мой	in winter
		к сожале́нию	unfortunately
пляж	beach	ле́том	in summer
по́езд	train	мы с + inst.	'X' and I
посети́ть	to visit	мне понра́вился/	
самолёт	aeroplane	лась/лось	it pleased me
сиде́ть	to sit	сверка́ла мо́лния	lightning flashed
смотре́ть	to watch	свети́ло со́лнце	the sun shone
сно́ва	again	ходи́ть на экску́рсию	to go on an excursion
танцева́ть	to dance	шёл дождь	it rained
теплохо́д	boat, ship	я был(а)	I was
тума́н	fog	я провёл	I spent (of time) (m.)
ходи́ть	to go (on foot)	я провела́	I spent (of time) (f.)
Чёрное мо́ре	Black Sea		

Стра́ны

Аме́рика	America
А́нглия	England
Великобрита́ния	Britain
Герма́ния	Germany
Голла́ндия	Holland
Гре́ция	Greece
Ирла́ндия	Ireland
Испа́ния	Spain

Какие у тебя уроки?

🎧 **Задание 1**

Какие уроки у Ивана? Напишите пропущенные предметы по-русски.

	понедельник	вторник	среда	четверг	пятница	суббота
1	$2x + 3x = 36$	(4)?	English	(8)?	Октябрь 1917	(13)?
2	English	$2x + 3x = 42$	🌍	Здравствуй!	$2x + 3x = 36$	Здравствуй
3	(1)?	(5)?	(7)?	English	🤸	(14)?
4	(2)?	💡	🐸	Н. В. Гоголь	(11)?	
5	Н. В. Гоголь	Здравствуй!	$CO_2 + H_2O$	(9)?	🎵🎶	
6	(3)?	(6)?	✍️	(10)?	(12)?	

✏️ **Задание 2**

Ответьте на вопросы по-русски.

Какой урок …

1 второй по понедельникам?
2 первый по пятницам?
3 пятый по пятницам?
4 шестой по средам?
5 третий по четвергам?

6 четвёртый по вторникам?
7 третий по пятницам?
8 пятый по понедельникам?
9 второй по субботам?
10 четвёртый по средам?

❝ **Задание 3**

Работа в парах.

Например: А: Какой у тебя <u>первый</u> урок по <u>понедельникам</u>?
Б: У меня <u>физика</u>.

Теперь замените слова. Потом поменяйтесь ролями.

1	А	3	ср.	Б	🌍	
2	А	4	пт.	Б	$CO_2 + H_2O$	
3	А	2	вт.	Б	🎵🎶	

👄 Задание 4

Посмотрите на расписание уроков. Задайте друг другу вопросы.

1 Какой у тебя первый урок по понедельникам?
2 А по вторникам?
3 А по средам?
4 А по четвергам?
5 А по пятницам?
6 Какой у тебя третий урок по вторникам?
7 Какой у тебя четвёртый урок по четвергам?

8 Какой у тебя пятый урок по пятницам?
9 Какой у тебя шестой урок по понедельникам?
10 Сколько у тебя уроков в день?
11 Сколько у тебя уроков по утрам?
12 Сколько после обеда?

	пн.	вт.	ср.	чт.	пт.
1	$2x + 3x = 36$	Здравствуй!	Bonjour!		$2x + 3x = 36$
2	Bonjour!	$2x + 3x = 36$	Н. В. Гоголь	$2x + 3x = 36$	Здравствуй!
3	English			$CO_2 + H_2O$	Bonjour!
4		English	$CO_2 + H_2O$		Октябрь 1917
	обед	обед	обед	обед	обед
5			Октябрь 1917		
6	Здравствуй!				Н. В. Гоголь

📖 Задание 5

Посмотрите на расписание в задании 4 и запишите п (правда) или н (неправда).

1 По понедельникам у меня английский язык.
2 По пятницам у меня физика.
3 Второй урок по средам – литература.
4 Четвёртый урок по понедельникам – русский язык.
5 У меня три урока истории в неделю.
6 У меня три урока после обеда.

🎧 Задание 6

Какие предметы они любят? Заполните таблицу (**Worksheet 8.1A**).

💬 Задание 7

Работа в парах. Посмотрите на картинки и задайте друг другу вопрос: «Ты любишь …?» и ответьте.

1 Октябрь 1917   **2** Bonjour!   **3**   **4**

5 $2x + 3x = 36$ **6** $CO_2 + H_2O$ **7** Здравствуй!   **8**

📖 Задание 8

Выберите правильный ответ (**а** или **б**).

> Здравствуй, Оливия!
>
> У меня по понедельникам первый урок – математика. По вторникам первый урок – музыка, а по средам – рисование. Математику люблю, музыку не очень люблю, а рисование я ненавижу! По четвергам первый урок – литература, а по пятницам – история.
>
> Пока,
>
> Ирина

1 Какой первый урок у Ирины по понедельникам?   **а** $2x + 3x = 36$ **б**

2 Какой урок она ненавидит?   **а**   **б**

3 Какой у неё первый урок по вторникам?   **а** Н. В. Гоголь   **б**

4 А по средам?   **а**   **б** Н. В. Гоголь

5 Какой урок она любит?   **а**   **б** $2x + 3x = 36$

6 Какой у неё первый урок по пятницам?   **а** Октябрь 1917   **б** Н. В. Гоголь

Что ты больше любишь?

Я больше люблю математику.

🎧 Задание 9

Прослушайте запись и выберите **а** или **б**.

	1	2	3	4	5
а	$2x + 3x = 36$	Н. В. Гоголь	♪♪♪	💡	Октябрь 1917
б	💡	Октябрь 1917	✍	$CO_2 + H_2O$	🌐

🗨 Задание 10

Работа в парах. Составьте диалоги.

Например: **1** Что ты любишь больше, историю или географию?
        – Я больше люблю историю.

1 Октябрь 1917 или 🌐

2 Н. В. Гоголь или ♪♪♪

3 $2x + 3x = 36$ или English

4 $CO_2 + H_2O$ или 💡

5 ⚽ или Здравствуй!

6 Bonjour! или ♪♪♪

7 ✍ или 💡

8 🐸 или $CO_2 + H_2O$

9 🤸 или ⚽

10 🌐 или Bonjour!

✏ Задание 11

Посмотрите ещё раз на задание 10 и напишите десять предложений. Выберите предметы, которые вы больше любите.

📖 Задание 12

Посмотрите на таблицу и прочитайте предложения.

То, что Иван любит в школе.

$CO_2 + H_2O$
Н. В. Гоголь, «Шинель»
Октябрь 1917
Африка, Азия
$2x + 3x = 36$
✍

Он любит химию больше, чем литературу.

Он любит литературу больше, чем историю.

Он любит историю больше, чем географию.

Он любит географию больше, чем математику.

Он любит математику больше, чем рисование.

📖 Задание 13

Скажите, какие предметы Петя, Ирина и Лена любят больше, чем ...

Петя	Ирина	Лена
✍	⚽	🌐
⚽	🤸	$2x + 3x = 36$
$CO_2 + H_2O$	🐸	Здравствуйте!
💡	♪♪	✍
Шекспир	Bonjour!	🤸
$2x + 3x = 36$	$CO_2 + H_2O$	♪♪

📖 Задание 14

а Перепишите предложения в тетрадь и вставьте пропущенные слова. Посмотрите ещё раз на таблицу.

1 Ирина любит _____ больше, чем музыку.
2 _____ любит русский язык больше, чем рисование.
3 Петя любит _____ больше, чем спорт.
4 Лена любит географию больше, чем _____.

б Напишите слова в правильном порядке.

5 английскую математику Петя литературу чем любит больше,.
6 больше, Лена музыку любит чем физкультуру.
7 французский Ирина язык чем больше, любит музыку.
8 любит больше, химию физику чем Петя.

🎧 Задание 15

Прослушайте примеры.

$$\frac{2 \times 4}{\sqrt{64}}$$

> Какой твой любимый предмет?

> Какой предмет ты больше всего любишь?

> Мой любимый предмет – математика.

> Я больше всего люблю математику.

🎧 Задание 16

Прослушайте диалоги и посмотрите на картинки. Напишите пары номеров и букв.

Например: 1 = г

а	б	в	г	д	е
	English		Н. В. Гоголь		$2x + 3x = 36$

ж	з	и	к	л	м
Bonjour!	$CO_2 + H_2O$	Здравствуй!			Октябрь 1917

💬 Задание 17

Опрос. Задайте вопрос «Какой твой любимый предмет?» **или** «Что ты больше всего любишь?» членам вашего класса. Потом нарисуйте таблицу.

Conduct this survey on members of your class.

Задание 18

Прослушайте запись. Что Иван думает об этих предметах? Потом повторите следующие предложения:

Я думаю, что …

… история – интересный предмет

… география – скучный предмет

… математика – лёгкий предмет

… музыка – трудный предмет

… рисование – популярный предмет

… химия – непопулярный предмет

 Задание 19

А вы? Как вы думаете? Составьте диалоги.

Например: – Что ты думаешь о физике?
  – Я думаю, что физика – трудный предмет.

1

Здравствуйте!

2

$2x + 3x = 36$

3

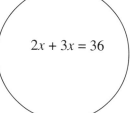

4

5

6

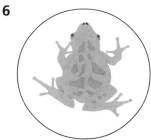

Задание 20

Прослушайте запись и заполните таблицу по-английски (**Worksheet 8.1B**).

Потом, используя ваши ответы, подберите пары предметов и мнений. Слова здесь не по порядку ответов.

Then, using your answers from Worksheet 8.1, match the subjects to the opinions. The words here are not in the order of your answers on the worksheet.

Например: 1 = е

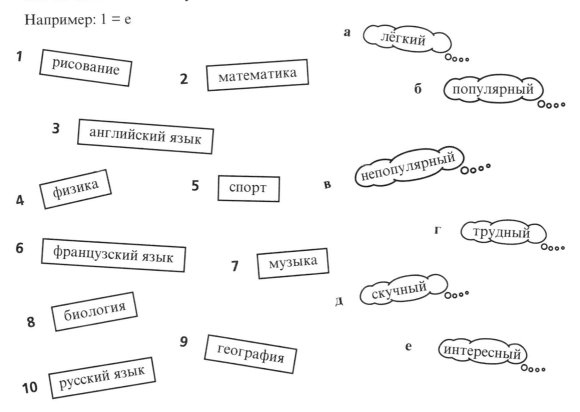

Задание 21

Перепишите письмо и вставьте пропущенные буквы.

> Привет!
> Меня зо[ву]т Лена. Я [ж]иву в Киеве. Я изучаю физику, ма[тем]атику, рус[ский] язык фра[нцу]зский язык, спорт и географию. У меня шесть урок[ов] в день — по [ут]рам четыре урока, и два после [обе]да. По понед[ельни]кам у меня спорт, русский язык, физика и география. Я бо[ль]ше всег[о] люблю спорт, пото[му] что это л[ё]гкий предмет. Я не люблю геогра[фию], потому что это ск[уч]ный предмет.
> Пиши мне о твоей школе,
> Лена.

Задание 22

Перепишите кроссворд в тетрадь и заполните его.

По горизонтали:

1 Ты изучаешь _____?
2 Я больше _____ люблю музыку.
3 Ты _____ рисование?
4 Я очень люблю _____.
5 Больше _____ я люблю литературу.
6 Как ты _____?
7 Она _____ любит спорт?

По вертикали:

1 Я _____ всего люблю историю.
3 Они очень _____ физику.
8 Мы не _____ математику.
9 Что вы _____?
10 Она _____ любит географию.

 Задание 23

Прослушайте запись. Запишите, в котором часу урок.

Например: 1 = 8.40

1 география
2 история
3 биология
4 математика
5 рисование
6 физкультура
7 английский язык
8 русский язык
9 литература
10 химия

Задание 24

В котором часу?

Первый урок начинается в и заканчивается в	Уроки начинаются в и заканчиваются в

Работа в парах. Задайте друг другу вопрос: «В котором часу начинается и заканчивается …?». Придумайте ответы сами.

Think up the answers yourselves.

1 второй урок
2 перерыв
3 третий урок

4 обед
5 пятый урок
6 последний урок

Теперь напишите ваши ответы полностью.

 Задание 25

Ответьте на вопросы по-английски.

> Здравствуй, Ники!
>
> Как дела? У меня всё хорошо.
>
> Какие школьные предметы ты любишь? Я страшно люблю музыку и рисование. Музыка, по-моему, очень лёгкий предмет. Как ты думаешь? Я изучаю английский язык и французский язык. Я не очень люблю французский язык – это трудный предмет, а английский язык очень интересный предмет. Я изучаю также историю и географию, но я больше люблю историю. Химия у нас в школе – популярный предмет, но я химию совсем не люблю. Биологию люблю, а физику я ненавижу. Ты любишь спорт? Я люблю физкультуру. А больше всего я люблю музыку. У нас уроки начинаются в половине девятого. В котором часу у вас уроки начинаются?
>
> Пока,
>
> Соня

1 At what time do Sonya's lessons begin?
2 Which subjects does she like?
3 What does she say about music?
4 Why does she not like French?
5 What does she think about English?
6 Which does she prefer – geography or history?
7 Which subject does she mention as being popular in her school?
8 Which subject does she hate?
9 Which is her favourite subject overall?

Задание 26

Прослушайте фразы и повторите их.

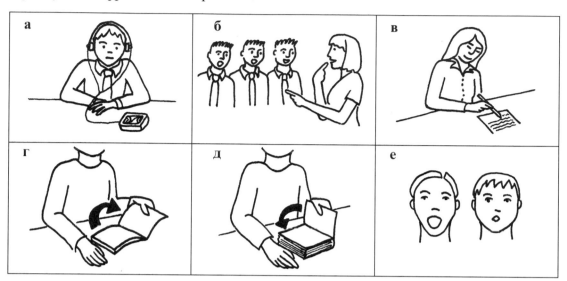

Задание 27

Прослушайте запись и посмотрите на картинки выше. Запишите букву картинки.

Задание 28

Найдите пары.

1	I don't understand	**а**	Я закончил(а)
2	I haven't got a pen	**б**	Я не понимаю
3	How do you say 'Hello' in Russian?	**в**	Я не знаю
4	I've finished	**г**	У меня нет ручки
5	How do you spell 'rubber'?	**д**	„Резинка" – как это пишется?
6	I don't know	**е**	Как по-русски 'Hello'?

Чему вы научились? What have you learned?

In this unit you have learned how to:

1 Ask what your first, etc lesson is

Какой у тебя первый урок? What is your first lesson?

2 Express likes and dislikes

Я	страшно люблю очень люблю люблю не очень люблю не люблю совсем не люблю ненавижу

I	adore/really love like very much like don't like much don't like don't like at all hate

3 Ask and say which subject you prefer

Какой предмет ты больше любишь?
Что ты больше любишь, химию или физику?

Я больше люблю химию

4 Ask and say which subject you like best

Какой предмет ты больше всего любишь? Which subject do you like best?
Я больше всего люблю русский язык I like Russian best

Какой твой любимый предмет? What is your favourite subject?
Мой любимый предмет – русский язык My favourite subject is Russian

5 Compare two subjects

Я люблю спорт больше, чем музыку I like sport more than music

6 Ask and express opinions of subjects

Что ты думаешь о физике? What do you think about physics?
Я думаю, что физика – трудный предмет I think that physics is a difficult subject

7 To say when a lesson/lessons begin and end

урок начинается в десять часов the lesson begins at ten o'clock

уроки начинаются	в половине девятого полдевятого

lessons begin at half past eight

урок заканчивается в одиннадцать часов the lesson ends at eleven o'clock

уроки заканчиваются	без четверти четыре в четверть пятого

lessons end at quarter to four
lessons end at quarter past four

Запомните слова!   Memorise the words!

Предме́ты

англи́йский язы́к	English
биоло́гия	biology
геогра́фия	geography
исто́рия	history
литерату́ра	literature
матема́тика	maths
му́зыка	music
рисова́ние	drawing
ру́сский язы́к	Russian
фи́зика	physics
физкульту́ра	PE
францу́зский язы́к	French
хи́мия	chemistry

Прилага́тельные

интере́сный/ая/ое	interesting
лёгкий/ая/ое	easy
люби́мый/ая/ое	favourite
непопуля́рный/ая/ое	unpopular
популя́рный/ая/ое	popular
ску́чный/ая/ое	boring
тру́дный/ая/ое	difficult
шко́льный/ая/ое	school

Существи́тельные

обе́д	lunch
переры́в	break
рези́нка	rubber
ру́чка	pen
тетра́дь	exercise book
уро́к	lesson
язы́к	language, tongue

Други́е слова́ и фра́зы

бо́льше	more
бо́льше всего́	most of all
бо́льше, чем	more than
в кото́ром часу́?	at what time?
гро́мче (adv.)	louder
зака́нчивается	(it) finishes
закро́йте кни́гу	shut the book

как ты ду́маешь?	what do you think?
как э́то пи́шется?	how is this spelt?
начина́ется	(it) begins
откро́йте кни́гу	open the book
о́чень	very
повтори́те фра́зу	repeat the phrase
по-мо́ему	in my opinion
по́сле	after
потому́ что	because
по утра́м	in the mornings
ско́лько	how much, how many
совсе́м не	not at all
стра́шно	terribly
ти́ше	more quietly
я ду́маю, что	I think that
я изуча́ю	I study
я не зна́ю	I don't know
я не понима́ю	I don't understand
я ненави́жу	I hate